INVENÇÕES DE VIDAS, COMPREENSÃO DE ITINERÁRIOS E ALTERNATIVAS DE FORMAÇÃO

Série *Artes de viver, conhecer e formar*

APOIOS

Biograph
Associação Brasileira de Pesquisa (Auto)Biográfica

FEUSP
Faculdade de Educação da Universidade de São Paulo

FAPESP

CNPq
Conselho Nacional de Desenvolvimento Científico e Tecnológico

CAPES

Fafe
Fundação de Apoio à Faculdade de Educação

Maria da Conceição Passeggi
Vivian Batista da Silva
(Organizadoras)

Série *Artes de viver, conhecer e formar*

INVENÇÕES DE VIDAS, COMPREENSÃO DE ITINERÁRIOS E ALTERNATIVAS DE FORMAÇÃO

CULTURA ACADÊMICA
Editora

Cultura Acadêmica Editora
Praça da Sé, 108
01001-900 – São Paulo/SP
Tel.: (0xx11) 3242-7171
Fax: (0xx11) 3242-7172
www.culturaacademica.com.br

CATALOGAÇÃO NA PUBLICAÇÃO
Serviço de Biblioteca e Documentação
Faculdade de Educação da Universidade de São Paulo

I62 Invenções de vida, compreensão de itinerários e alternativas de formação / Maria da Conceição Passeggi, Vivian Batista da Silva (orgs.) São Paulo : Cultura Acadêmica, 2010.
232 p. (Série Artes de Viver, conhecer e formar)

ISBN: 978-85-7983-055-6
Vários autores.

1. Educação 2. Autobiografias 3. Memória 4. Formação 5. Formação de professores 6. Autoformação I. Passeggi, Maria da Conceição, org. II. Silva, Vivian Batista da , org.

CDD 22ed.: 370

Editora afiliada:

Asociación de Editoriales Universitarias de América Latina y el Caribe

Associação Brasileira de Editoras Universitárias

Sumário

Prefácio

"Educação é vida", disse-nos Dewey.

"Alguém, vós ou eu, avança e diz: gostaria de aprender finalmente a viver". Desse modo, Derrida iniciava Spectres de Marx. (Aprender finalmente a viver, *Jacques Derrida, entrevista com Jean Birnbaum, Coimbra: Ariadne, 2005.).*

Em entrevista, no ano de sua morte, Derrida perguntou-se "Como aprender a viver?" Na mesma oportunidade, lembrou-nos:

> Aprender a viver é amadurecer, e também educar: ensinar aos outros e sobretudo a si mesmo. Apostrofar alguém para lhe dizer: "vou te ensinar a viver" significa, por vezes em tom de ameaça, vou te formar ou mesmo te domar. A seguir e o equívoco deste jogo importa-me ainda mais, este suspiro abre-se também a uma interrogação mais difícil: a viver, poderá isso aprender-se? Ensinar-se? (*Aprender finalmente a viver,* Jacques Derrida, entrevista com Jean Birnbaum, Coimbra: Ariadne, 2005.).

2010 conhece a edição de uma série de seis obras nas quais os autores empenham-se de formas absolutamente originais em constituir relações entre histórias de vida e educação. O tema vem servindo à proliferação de inúmeros estudos, desde algumas décadas. No Brasil, há alguns anos, vemos frutificar apropriações bastante diferenciadas dos elos possíveis entre (auto)biografia e formação. O que pode parecer surpreendente é, decerto essa multiplicidade de apropriações que, inauguram, de modo incessante, perspectivas novas nessa área de pesquisa. Os seis livros aqui apresentados reúnem colaborações de autores da Suíça, França, Portugal, Dinamarca, Estados Unidos, Argentina, México, Canadá e Brasil. Seus títulos refletem sua riqueza e a organização de cada um dos livros aproxima, também, estudiosos de diversos pontos do país, como se pode constatar:

- *Sentidos, potencialidades e usos da (auto)biografia.* Organização de Paula Perin Vicentini e Maria Helena Menna Barreto Abrahão.
- *Invenções de vidas, compreensão de itinerários e alternativas de formação.* Organização de Maria da Conceição Passeggi e Vivian Batista da Silva.
- *Docência, Pesquisa e Aprendizagem: (auto)biografias como espaços de formação/investigação.* Organização de Dislane Zerbinatti Moraes e Rosario Silvana Genta Lugli.
- *Espaços, tempos e gerações: perspectivas (auto)biográficas.* Organização de Elizeu Clementino de Souza e Rita de Cassia Gallego.
- *Modos de narrar a vida: cinema, fotografia, literatura e educação.* Organização de Raquel Lazzari Leite Barbosa e Mônica Appezzato Pinazza.
- *Práticas de formação, memória e pesquisa (auto)biográfica.* Organização de Vera Lucia Gaspar e Jorge Luiz da Cunha.

A alusão aos títulos permite entrever, de saída, o potencial dos trabalhos que integram cada volume. Potencial esse que evidencia tanto as possibilidades analíticas e metodológicas do trabalho com narrativas, histórias de vida e (auto)biografias quanto a diversidade de objetos passíveis de serem conhecidos e compreendidos mediantes tais fontes. Ressalta-se ainda, a bifurcação das análises entre as que tematizam, de modo preferencial, as práticas de formação e as que investem sobre a geração de conhecimentos relativos à produção das investigações. Bifurcação estratégica, mas renovadamente superada na busca de maior compreensão dos problemas. Nessa mesma busca, as pesquisas (auto)biográficas alicerçam suas fundações no domínio da pedagogia, da história, da literatura, da psicologia, das artes, da filosofia e da antropologia. Pela eleição de objetos interdisciplinares, os estudos que a série de livros nos traz constroem-se para dar conta de questões como: artes da existência, aspectos da subjetividade, cuidados com o corpo, histórias de imigrantes, experiências de escrita, formação de professores e alunos e práticas de trabalho em sala de aula.

Os resultados de tais incursões agregam, assim, elementos importantes para análises da formação e suas práticas, das artes, das narrativas e dos processos de invenção da vida. Importa sublinhar aqui o fato dos trabalhos reunidos nos seis livros exprimirem, nesse momento, um ponto significativo na história do movimento internacional de pesquisa (auto)biográfica: momento de intensa produção e de grande diversidade de métodos e de fontes que, impõe ele próprio, a urgência da construção da história do movimento. (Auto) biografia e formação, história de vida e educação, docência e memória já constituíram, internacionalmente, uma produção de tal porte que importa conhecê-la em seus cruzamentos disciplinares, em sua cronologia, em seu intercâmbios, em suas modalidades de apropriação das ciências humanas e das artes. Que o conjunto das obras agora publicadas colabore para tal empreendimento e ao mesmo tempo faça proliferar o alcance de nossa compreensão sobre as questões que contempla! Tal é a nossa expectativa.

Denice B. Catani
São Paulo, maio de 2010.

Espaços, tempos e gerações: perspectivas (auto)biográficas

Apresentação

Em que limites se pode falar de invenções da vida na sociedade contemporânea? Quais itinerários são construídos? De que modo esses caminhos podem ser conhecidos e indicar novas alternativas de formação? Os textos do presente livro conduzem a pensar sobre tais questões ao acompanhar trajetórias múltiplas e específicas, ao assinalar as potencialidades das investigações sobre experiências desse tipo e ao buscar modos de formação mais férteis. Trata-se de considerar os processos educacionais para além das fronteiras das técnicas, valorizando as subjetividades, os processos memorialísticos, as histórias de vida e as (auto)biografias. Os eixos que organizam os artigos aqui reunidos deixam entrever essa preocupação, versando sobre experiências de artistas, professores e alunos, bem como sobre a (auto)biografia como espaço de investigação e formação. A coletânea aqui apresentada atenta para a questão do sujeito ao indicar sentidos de experiências, a partir de estudos sobre trajetórias educacionais, profissionais e artísticas. Isso conduz a refletir sobre o estatuto das histórias de vida como fontes e sobre os relatos como espaços de invenção e formação. Evidentemente, cada artigo evidencia um uso determinado das autobiografias e das histórias de vida, atestando a multiplicidade das pesquisas na área. Os textos permitem notar as diferentes motivações, concepções e maneiras de trabalhar com o método autobiográfico. Ao mesmo tempo em que se constitui num lugar de diálogo entre perspectivas metodológicas, a coletânea permite a interlocução entre pesquisadores dos Estados Unidos, da Argentina e do Brasil.

A coletânea inicia-se com o artigo de José Augusto Avancini (Universidade Federal do Rio Grande do Sul), que analisa as experiências de Mário de Andrade, considerando sua vida como obra de arte e o artista como um intelectual compromissado com temas sociais, culturais e políticos. Daí definir Mário de Andrade como um homem romântico, que tem os "pés cravados no chão brasileiro" e cujas experiências distanciam-se de outras, como as de Oscar Wilde, que teve sua obra voltada para outro tipo de criação, na qual elabora uma realidade simbólica, desvinculando-se de qualquer compromisso com o mundo. Ana Maria Lisboa de Melo (Pontifícia Universidade Católica do Rio Grande do Sul) também assinala possibilidades de invenções artísticas, ao examinar formas de representação da subjetividade no romance brasileiro durante o período compreendido entre 1880 e 1930. Como a autora observa, as produções modernistas de finais do século XIX e início do século XX inserem no discurso ficcional uma discussão acerca da própria criação literária. Trata-se de uma proximidade entre a arte e a vida, notável nas obras nacionais do período que, dessa maneira, incorporam procedimentos discursivos do romance europeu. São textos que narram a experiência da solidão, falam do passado e buscam a compreensão do sujeito, dimensões pouco assinaladas pelos críticos e historiadores da literatura, que tendem a enfatizar mais o engajamento dos romances. Nas narrativas analisadas pela autora, a sociedade é apresentada por meio das reflexões do sujeito que recorre às suas experiências para projetar uma espécie de espelho, no qual todos os indivíduos podem se reconhecer.

Ora, a multiplicidade de experiências e o modo de narrá-las marcam não só a vida de artistas como também as trajetórias de professores. É isso o que motiva a pergunta de Maria Helena Menna Barreto Abrahão (Pontifícia Universidade Católica do Rio Grande do Sul) sobre quem conhece Zilah Mattos Totta, professora com uma história de "relevantes realizações" no Rio Grande do Sul, mas que hoje é pouco lembrada. É justamente esse fenômeno do "esquecimento e do desconhecimento", tão comum quando se considera a história de professores, que motivou o estudo de histórias de vidas de educadores sul-rio-grandenses. Em seu texto, Abrahão reflete sobre a importância desse tipo de investigação, descrevendo os fundamentos e os modos de pesquisa de um projeto maior que tem coordenado e que, ao tomar as histórias de vida de educadores destacados no Rio Grande do Sul, como é o caso de Zilah Mattos Totta, examina a ação e a construção identitária do magistério durante o século XX. A preocupação em dar visibilidade a objetos ainda pouco estudados também marca os esforços de Ana Chrystina Venancio Mignot (Universidade do Estado do Rio de Janeiro) no artigo sobre os cadernos escolares. O intuito da autora é conhecer a infância numa perspectiva diferente da usual, pois, para ela as experiências das crianças são tradicionalmente narradas por adultos e terminam por ser ocultadas por documentos oficiais. No seu entender, os cadernos escolares traduzem histórias individuais e coletivas de aprendizagem e são espaços privilegiados para a escrita de si. Além de uma discussão cuidadosa acerca das potencialidades desse material para a compreensão de vidas, práticas e processos de formação, a autora dá conta de iniciativas que reúnem, organizam, sistematizam e examinam essa modalidade de fonte, inspirando outros trabalhos que venham a ser produzidos sobre ou a partir dela.

De fato, as atuais compreensões acerca das potencialidades do trabalho biográfico e das histórias de vida perpassam todos os artigos aqui reunidos. Esses textos fortalecem o campo da pesquisa histórico-sociológica ligada aos estudos educacionais. Zeila de Brito Fabri Demartini (Universidade Metodista de São Paulo) situa justamente a utilização de autobiografias e histórias de vida, que vem sendo debatida no país como um trabalho do cientista social desde as primeiras décadas do século XX, pelo menos. Conforme a autora explica, as discussões conceituais e metodológicas intensificaram-se a partir da década de 1970 e romperam com formas tradicionais de pesquisa, aproximando os pesquisadores das pessoas, valorizando a singularidade, os sujeitos, suas memórias e seus relatos de vida. Demartini identifica essas preocupações em investigações educacionais brasileiras já realizadas e que fortalecem a análise de autobiografias e relatos orais produzidos por educadores e alunos em diferentes momentos e contextos. Sem dúvida, esse tipo de recurso fornece informações valiosas acerca da história da profissão docente, dos alunos e da escola. As discussões da presente coletânea também se beneficiam do balanço realizado por Maria da Conceição Passeggi (Universidade Federal do Rio Grande do Norte), a partir de um olhar sobre os esforços empreendidos por grupos de pesquisa do país, teses e dissertações defendidas junto a essa área e de trabalhos apresentados no III CIPA (Congresso Internacional de Pesquisa (Auto)Biográfica), realizado em 2008 na cidade de Natal. Ao tratar de caminhos e potencialidades da pesquisa (auto)biográfica, os artigos de ambas as autoras evidenciam perguntas e condições a partir das quais os trabalhos têm se realizado nessa área de pesquisa educacional. O que propõem é a discussão de questões teóricas, métodos e princípios epistemológicos da pesquisa (auto)biográfica, assinalando proximidades, delineando horizontes, fomentando o diálogo entre os pesquisadores. Nesse sentido, vale enfatizar as preocupações para construir fontes e métodos de investigação, ultrapassar modismos e os perigos da "ilusão biográfica", consolidar práticas de pesquisa-ação-formação e buscar modos de intervenção educativa.

É justamente essa busca que impulsiona trabalhos como os de Elizeu Clementino de Souza (Universidade do Estado da Bahia), Daniel Suárez (Facultad de Filosofía y Letras – Universidad de Buenos Aires) e John Knight (St. Mary's College, Moraga, California, E.U.A.). Em Souza, é possível identificar as crescentes preocupações com a formação de professores e as lógicas das produções que, desde a década de 1990, têm marcado as experiências feitas a partir das histórias de vida, do trabalho e da condição docente. Inserindo-se no conjunto desses trabalhos, o autor destaca a formação como um movimento de construção da aprendizagem pessoal e profissional, contínuo e amplo porque envolve saberes, experiências e práticas. A formação docente é pensada a partir do conceito de acompanhamento, destacando também as relações entre os esforços de mediação e iniciação, inerentes ao processo de formação de si e do outro. Uma compreensão dessa natureza dialoga com outras iniciativas realizadas junto a professores no exercício de sua profissão. Daniel Suárez descreve e analisa uma estratégia de trabalho colaborativo entre professores e pesquisadores, denominada por ele mesmo como a "documentação narrativa de experiências pedagógicas". O objetivo é elaborar processos individuais e coletivos de formação do magistério por meio de perguntas que os professores fazem acerca da vida escolar e de seu trabalho cotidiano. Trata-se de um processo sistemático, que organiza práticas de escrita, leitura, reflexão, comentário e diálogo entre os docentes que participam desse trabalho e buscam outras formas de compreender e fazer seu ofício.

Chegamos à ideia de escrita como caminho, tal como assinala John Knight. Em seu artigo, o autor examina as potencialidades da autobiografia como uma ferramenta valiosa para ensinar e conscientizar os sujeitos sobre questões culturais. A preocupação é trabalhar com estudantes de língua inglesa, nativos e não-nativos. Segundo Knight, a escrita de si conta com a facilidade de se contar uma história e de escrevê-la, mesmo que isso seja feito numa língua estrangeira que se esteja aprendendo. Além disso, prossegue o autor, quando esse tipo de produção é compartilhado, pode valorizar as experiências de quem a redige. Relatando suas experiências como professor quando do uso dessa alternativa, ele evidencia a autobiografia como uma forma de mediar as interações com os alunos, de conhecer suas experiências e estilos de escrita. E mostra-se empolgado com as possibilidades assim construídas, de vez que essa é uma forma de viagem rumo à descoberta de si mesmo, motivando tanto os alunos quanto os professores. Tem-se, portanto, novas possibilidades de compreensão da relação pedagógica.

De fato, os textos que se seguem aproximam-se por questionarem formas tradicionais de compreender a formação. Eles situam-se além dos limites postos pelas fronteiras da racionalidade técnica e suas contribuições evidenciam-se em diferentes horizontes disciplinares. As múltiplas perspectivas de análise articulam espaços que podem se entrelaçar e que se expressam de forma muito evidente nos campos da arte e da educação. Eles estão inseridos num conjunto de pesquisas (auto)biográficas cada vez mais consolidadas no Brasil e em diversas partes do mundo, o que se depreende não só pela quantidade crescente de produções na área, como também pelo fortalecimento das referências teóricas e metodológicas. Os trabalhos renovam de modo fértil as pesquisas sobre o trabalho docente, destacando questões e temáticas ainda pouco exploradas, tais como as que se referem, por exemplo, aos caminhos pelos quais é possível inventar a vida e a arte. É nesse sentido que os vários artigos da coletânea dialogam, podendo ainda inspirar novas interrogações e novas alternativas no que tange à formação de alunos e professores.

Maria da Conceição Passeggi
Universidade Federal do Rio Grande do Norte

Vivian Batista da Silva
Universidade de São Paulo

Vida, arte e escola: experiências possíveis

A vida como obra de arte e a vida como compromisso: o exemplo de Mário de Andrade

José Augusto Avancini

A vida como obra de arte foi um tema recorrente na literatura e nas artes e referência constante nos fins do século XIX e inícios do XX. O melhor e mais conhecido exemplo foi o de Oscar Wilde (1854-1900) que fez de sua vida privada e pública um trabalho de artista, sofisticado e marcado por um artificialismo a toda prova. Tanto embaralhou a sua vida real com sua criação artística que passou a se perceber e ser percebido pelo personagem que criou. De seu exemplo, o teórico francês Alain Roger (ROGER, 1997) elaborou o conceito de "artealisação", para dar conta desse fenômeno estético novo no panorama cultural ocidental, não só no de construção de personagens, como no processo de criação artística, marcado pelo esforço estético de criação de uma nova realidade simbólica, a da arte.

Mário de Andrade (1893-1945), nosso artista em exame, se coloca como figura diametralmente oposta à proposta wildiana e encarnou o artista e intelectual engajado e compromissado com seu momento político e cultural e mais foi o elaborador de uma visão compromissada e empenhada da arte com a vida e com o país. Expressou sua concepção da atividade artística como a execução de um projeto previamente elaborado e pensado para ser aplicado etapa por etapa. Visava sintonizar a arte brasileira com a arte ocidental, atualizando-a esteticamente e integrando-a no tratamento dos temas e assuntos brasileiros, dando-lhes dimensão universal. O artista seria o profeta dessa caminhada das artes e da nacionalidade. O enunciador dos novos tempos e orientador dos novos caminhos. A obra de arte deveria antes de tudo unir qualidade estética e empenho social. A dimensão artística estava indissoluvelmente interligada com o projeto ideológico de uma arte nacional e moderna. E ao artista e ao intelectual, Mário atribuía uma missão quase religiosa, ao comparar o artista com o profeta, anunciador de novos tempos e novas formas de arte que dessem conta da missão demiúrgica que o artista se atribuía.

Para poder executar seu projeto renovador na arte e na cultura, Mário atuou em várias frentes de trabalho, na crítica de arte, literária, musical e produziu uma enorme epistolografia, das maiores da língua portuguesa, na qual o papel proselitista se faz o mais intenso e elaborado, no afã de convencer e arregimentar parceiros para a empreitada da construção da nova arte nacional e moderna. Preocupado com a criação de uma arte nacional, Mário buscou nas manifestações populares tradicionais uma fonte de inspiração para a arte que construía e apontava a todos a necessidade de conhecer e se apropriar de temas e processos criativos do fundo popular da cultura brasileira.

Assim procedeu com sua prosa de ficção e com a poesia, que estão repletas de referências a processos criativos e temáticas populares. Localizou nas obras de seus contemporâneos os elementos que julgava pertinentes aos seus propósitos estéticos e pela crítica e pela epistolografia estimulava os artistas a perseverarem no caminho que Mário julgava correto, balizado pela concepção de uma arte moderna e nacional.

O artista só era considerado "útil" quando sua obra servia ao desígnio de retratar a realidade nos seus aspectos mais característicos e, ao mesmo tempo, a obra servia de modelo para a leitura dessa realidade. Não se pense que desejava a leitura naturalista da realidade, mas uma leitura que desse conta dos aspectos essenciais e estabelecesse os protótipos dos tipos e situações sociais mais correntes entre nós, em suas diversas configurações, de acordo com o ambiente social tratado. O trabalho artístico deveria conduzir a uma visão aprofundada e alargada de sua matéria. O tema e o assunto, como dizia nosso crítico, não deveriam constranger e aprisionar o trabalho e o ato de criação, mas o tema determinava a forma e essa constituía e dava feição inovadora ao tema escolhido. Mas havia sempre o limite do tema e do assunto para que o artista não caísse na vala do formalismo e do abstracionismo, que em nada contribuiriam para o amadurecimento e a consolidação de uma arte nossa.

Por sua formação variada e autodidata, Mário procurará nos movimentos artísticos de vanguarda aqueles que mais afinidade poderiam ter com sua concepção de arte nacional. O cubismo lhe interessou pela ousadia no tratamento das formas, nas possibilidades formais de desmonte e remonte dessas, possibilitando ângulos e pontos de vista não usuais para uma nova mirada da realidade filtrada pela arte. Mas foi o expressionismo que mais lhe comoveu e lhe serviu aos desígnios estéticos que visava alcançar. Pelos componentes de deformação e ênfase nos traços das formas e pelo uso arbitrário da cor, essa corrente estética preenchia as exigências de enfatizar elementos formais e temáticos que servia à veiculação de uma arte com temática nacional, que não fosse acadêmica.

O caráter claramente moral do expressionismo, com sua intenção de fazer a crítica do mundo, fixando os principais traços das personagens e das situações serviu aos intentos reformadores de Mário, que via na arte uma forma de corrigir as "malezas" do mundo. Aliado à estética expressionista, o cubismo serviria para disciplinar o artista nas novas modalidades formais que refiguraram os objetos em inusitadas perspectivas e ângulos nunca antes feitos na tradição da arte ocidental. A conjugação do expressionismo e do cubismo, que encontrou na Rússia largos e inovadores usos, encontrou também no Brasil seguidores de alto nível como Ismael Nery, a quem Mário admirou, mas em cuja obra não encontrou elementos conformes à sua proposta. Essa conjugação também foi incorporada por outros pintores num grau mais comedido como, por exemplo, nos trabalhos de Tarsila, Di Cavalcanti e Antonio Gomide. Mesmo Portinari se utilizou dessa conjugação formal e estética, quando elaborou os painéis do Ministério da Educação e Saúde (MES), ou na série bíblica, onde o aproveitamento de aspectos formais cubo-expressionistas fica mais evidente.

Em sua produção poética, Mário incorporou elementos dessas duas correntes estéticas, principalmente nos primeiros livros de poesia. Na prosa é notado o uso que fez de características do expressionismo, como em *Amar, Verbo Intransitivo*. Maior liberdade com as formas e forte carga emotiva são as características básicas de qualquer obra que quisesse ser moderna e adequada aos intentos programáticos do modernismo proposto por Mário e outros intelectuais da época. A carga moral do expressionismo encontrava ressonância nas preocupações de engajamento e envolvimento com questões sociais e políticas. A visão de uma arte comprometida com a intenção de educar e elevar espiritualmente as massas através de suas práticas e obras, que incitariam a mudança de atitudes e juízo sobre a arte e o mundo. A visão trágica e agônica do expressionismo servia aos intentos dos modernistas que queriam comover e convencer. A arte como um corretivo e exemplo para os homens. Sinal de alerta e de orientação do que e como fazer ou agir. Concepção distante e oposta à de Oscar Wilde e seguidores, que quiseram transformar a vida numa obra de arte, com tudo o que ela tinha de gratuito e aleatório.

No mesmo período em que essa tendência recebia foros de legitimidade já teríamos o aparecimento de comportamento oposto, que retomaria os vínculos da arte com seu entorno, só que agora com forte ênfase ideológica e marcada opção política. A gratuidade da arte e do artista foi vista como atitude inconsciente e despojada de qualquer dimensão mais ampla e construtiva. O artista de um "gozador", nos termos de Mário, se tornava um agitador, um fora da lei, se aproximando muito da figura dos profetas bíblicos, como enunciadores de uma nova verdade e da concretização da justiça. O intelectual deveria ser um denunciador das mazelas humanas e sociais. E ao mesmo tempo em que ele denunciava, apontaria novos caminhos e rumos para a arte e mesmo para vida.

Numa longa carta enviada à sua amiga e discípula Oneyda Alvarenga, de 14/09/1940, Mário realiza uma espécie de declaração de princípio da atuação do intelectual e do artista, onde podemos encontrar algumas dessas diretivas. Escreveu ele à sua amiga:

> Mas, minha amiga sou professor. Já escrevi uma vez que "a palavra tem de servir" e que destruiria a minha pena no instante em que a percebesse gratuita, liberta da intenção de servir alguma coisa ou alguém. Depois do tempo em que escrevi esses ditames é certo que não os tenho seguido muito não, a minha pena devia ter quebrado várias vezes. Mas sempre existe essa atitude fundamental em mim. Tenho alma de professor (ALVARENGA, 1983, p. 282).

E para atingir seus objetivos pedagógicos de mudança de comportamentos e de visões sobre a arte e o mundo, Mário exercia uma atitude de disfarces como no teatro, que levassem paulatinamente a pessoa visada a realizar determinado fim que nosso professor desejava. Chamava a esse seu comportamento de "cabotinismo didático", inerente para ele na atividade de professor, de crítico e de criador literário que exercia, oportuno para estimular jovens alunos e direcionar artistas maduros. Essa dissimulação orientada era para ele o segredo do sucesso "educativo" a que se propunha. O uso de máscaras possibilitava uma adaptação à situação ou ao indivíduo visado. A encenação era vista como condição pedagógica para realização dos propósitos estipulados. A construção dos diversos "personagens", que atuariam conforme as circunstâncias, estava condicionada tanto a essas, como aos objetivos que queria atingir, sempre orientados por uma boa causa, para o engrandecimento do homem. Associava a atuação do professor à do crítico, que desempenhava com competência e assiduidade a função de indicar e sugerir caminhos e visões variadas sobre situações e fatos, que julgava importantes para a consecução de alguma obra ou desempenho.

A construção e o uso das "máscaras", como afirmava, exigiam do crítico uma sensibilidade acurada e intenção clara para que o exercício da representação obtivesse o sucesso esperado. A vida do intelectual só se justificava como um compromisso contínuo e permanente com a coletividade, afinando com essa no esforço de elaborar uma visão que iluminasse as principais características culturais e potencializasse a criação artística imantada por valores que levassem ao melhoramento da vida social. Esse era o princípio básico com o qual Mário orientava sua atuação como intelectual.

Ainda comentando a carta citada, vamos nela encontrar outras referências à atuação do crítico, à qual Mário aproxima a do educador. Explica ele:

> (...) se a descrição da minha compreensão de um artista ou de uma obra poderá auxiliar, aprofundar mais e porventura totalizar a compreensão de alguns outros, isso não adianta muito como aproveitamento. Como rendimento didático da crítica. Será seu lado mais elevado, mais criador, não discuto, mas insensivelmente sou levado a lecionar (ALVARENGA, 1983, p. 282).

O exercício da função magisterial era intrínseco à personalidade de nosso crítico. Na carta, explica à amiga como se utilizava dessa característica para influenciar o relacionamento pessoal e a transpunha para a criação literária:

> Ainda há mais, e agora vem o lado honestissimamente ciniquíssimo da minha atitude. É que, como toda pessoa que tem alma de professor, sou um notável artista de teatro. Eu represento pros meus alunos. (...) Ora, dona Oneyda, eu quero que a minha palavra 'sirva', que a minha crítica produza o máximo de rendimento didático. Daí eu fazer muitos esforços até os de representação teatral, pra me impor aos artistas (ALVARENGA, 1983, p. 282).

Mário chamou a esse procedimento de cabotinismo didático, afirmando: "Não há o que não tenha a obrigação de ser honestamente cabotino e eu sou" (ALVARENGA, 1983, p. 283). E usou largamente desse procedimento como crítico, com os artistas e o público, com seus alunos, sempre com o objetivo de alcançar o melhor rendimento de sua preleção e que os atingidos também assim se situassem. Nas críticas escritas, nas cartas e nas aulas, Mário se utilizava das várias 'máscaras', das várias facetas, como dizia, para ter sucesso pedagógico em seus intentos. Em várias passagens Mário utilizou máscaras e disfarces para poder exercer com eficiência sua função crítico-pedagógica. O cabotinismo se firma como regra de conduta do crítico e do intelectual, como bem viu Anatol Rosenfeld, em artigo publicado em 1969, dedicado a Mário de Andrade (ROSENFELD, 1985). Nesse artigo, Anatol mostra a busca de Mário pelo seu verdadeiro Eu, sua "verdadeiridade" subjetiva, recorrendo à terminologia de Nietzsche, "virtude que se mantém, afirma e apura precisamente na verificação da simplicidade impossível e duplicidade inevitável" (ROSENFELD, 1985, p. 190). O mergulho nas profundidades do eu só apreende fragmentos ou reflexos de vitrais que se apresentam estilhaçados e nos dão uma compreensão limitada da personalidade, reforçando o elemento do disfarce, da máscara, do lado cabotino de cada um de nós.

Buscando apoio na Psicanálise, Mário via a intenção velada como a verdadeira razão da ação ou do intento, o lado dos motivos inconfessáveis que eram sequestrados pelo eu consciente ou superior, que os controlava e canalizava para uma ação determinada e construtiva. Dizia Mário, "não são somente as ideias secretas que nos dirigem, mas principalmente a máscara que lhe damos" (ANDRADE, 1972, p. 79). Em contraponto à ideia de que são as mesquinhas aspirações inferiores o móvel da vida civilizada e, em particular, da criação artística. Mário argumenta com a Teoria das duas Sinceridades ou da Sinceridade Total, apontando que se as aspirações inferiores são "móvel originário, não significa de forma alguma, que sejam o móvel dirigente. Esses motivos secretos são recalcados, são verdadeiros dentro de nós, embora vencidos só aparentemente, ou só momentaneamente derrotados" (ANDRADE, 1972, p. 79). E esse processo se dá pela imposição do meio social que nos obriga a criar uma entidade de ficção que é nossa personalidade social, nossa máscara. Para Mário:

> Os motivos secretos não são recalcados apenas como um sacrifício ao viver social: há outras razões individuais ainda. E que o maior tempo de nossa existência nós o empregamos em nos escondermos do que somos terrestremente nesse esforço de esconder tudo o que temos e consideramos de mais vil e mesquinho, elegemos 'móveis aparentes' para nossas vidas e ações, os quais nos mobilizam e se tornam as 'ideias-finalidades' que nos impulsionam para a realização de ideais que passamos a acariciar (ANDRADE, 1972, p. 79).

No esforço de superação, de sequestro, no dizer de Mário, as máscaras fazem parte de nossa 'sinceridade total'. A teorização do cabotinismo é uma teorização sobre os processos de criação artística que mantém estreitos laços com o que chamou na referida carta de 'cabotinismo didático', instrumento de conduta na orientação de jovens alunos e de artistas maduros. No primeiro caso, mais amplo, é o próprio processo criativo e, por extensão, civilizacional que Mário busca compreender e, no segundo, sua atuação pedagógica, sua atuação como professor e orientador cultural. As máscaras são instrumento de boa causa e do engrandecimento do homem.

A atividade crítica e a intelectual, em geral, eram essencialmente políticas no sentido amplo da palavra. O exercício da crítica foi, principalmente, um exercício de política da crítica ou, ainda, da sua função política dentro do esforço de servir à coletividade, "seja pelo seu 'amilhoramento' cultural e social. Seja pelo fato de utilizar temas artísticos com clara finalidade de criticar a situação política do país" (AVANCINI, 1998, p. 31). Esse posicionamento de Mário se definiu melhor a partir de 1935, quando assume a direção do Departamento de Cultura da cidade de São Paulo por três anos, acompanhando também a radicalização política da década no país e no mundo. Em 1936, profere sua *Oração de Paraninfo*, que publicou com o título de *Cultura Musical*, expressando sua preocupação com o papel social dos novos professores de música e dos artistas em geral. Após esse período, o trabalho crítico de Mário passa a ter uma acentuada preocupação de engajamento social e cultural, dirigindo sua obra para que fosse um retrato do Brasil, com força crítica, por vezes demolidora.

Oneyda Alvarenga (1983) nos aponta dois momentos em que Mário prestou contas publicamente de suas atividades de intelectual: as conferências sobre Cultura Musical e O Movimento Modernista. Para a fiel discípula, a primeira conferência abarca

> a sua compreensão coletivista da cultura, o seu repúdio à falsificação da arte pela virtuosidade, a convicção que o artista deve abandonar suas preocupações individuais em favor de uma concepção mais justa da arte como elemento cotidiano de beleza a serviço de todos, como meio de enriquecimento espiritual; de que o povo se beneficie direta e amplamente (AVANCINI, 1998, p. 32).

Esse foi o momento em que Mário amadurece como intelectual e enfrenta as primeiras decepções com a vida política do país, que o atinge diretamente no exercício da direção do Departamento de Cultura. Sua inflexão para uma visão social e engajada da arte se acentua numa clara politização de sua produção, após o diagnóstico que apontava como causa a "organização social viciada" do país. O sentido da responsabilidade social do artista aumentou, assim como sua consciência política, resultando numa prática crítica politizada. Foi através da crítica musical que a politização da crítica ficou mais evidente. Na série de artigos do rodapé Mundo Musical, entre 1943-44, esboçou questões estéticas fundamentais ao mundo contemporâneo no conjunto de artigos intitulado *O Banquete*, onde fica evidente seu compromisso com a intenção política da arte no tratamento das questões técnicas e estéticas que abordou.

Contemporaneamente publicou artigos de crítica musical no jornal *Folha da Manhã*, onde explicita com mais clareza sua visão comprometida da arte e da crítica. Dentro da série, Oneyda destaca o artigo sobre o compositor russo Mussórgsqui, contrapondo-o a Chostakovitch, ambos adotando a perspectiva dos mais pobres e estabelecendo um paralelo entre os compositores de dois momentos distintos da história da Rússia, movimento similar ao que realiza ao aproximar Aleijadinho e Portinari, exemplos de artistas envolvidos num engajamento positivo com seus meios culturais e sociais distintos no tempo e no espaço. Nos textos em que aborda a obra desses quatro artistas, examinou-lhes todas as limitações formais para atingir uma equilibrada e satisfatória análise, abrangendo as qualidades técnicas aliadas à intenção moral. Para Mário, segundo Oneyda, era importante acentuar o elemento de combate moral e político presente em cada obra e em cada artista examinado. Quase sempre, concluía Mário pela admiração fundida pelo artista com o homem, uma vez que a atitude ética era essencial para a prática artística. Isso valia também no exercício da crítica e Mário toma como exemplo o desempenho de dois dos mais importantes críticos brasileiros até aquele momento: Silvio Romero e Tristão de Athayde. Via em ambos o empenho e a paixão com que exerciam a crítica, armados de um arcabouço de ideias que, mesmo que limitadas e generalizadoras, serviam como um ponto de apoio para exercerem a atividade crítica pensando o país e o compromisso das obras com o meio social. Mário preferia uma crítica limitada, mas calcada num conjunto de ideias e concepções que remetessem a uma visão integradora de mundo, mesmo que isso significasse a ameaça à própria a natureza da crítica que, como o nome indica, tudo deveria submeter ao crivo da razão. Essa limitação era mais tolerável do que a velha prática 'impressionista' de uma apreciação superficial e episódica, caindo num humor fácil e gracioso.

Para nosso autor, crítica e paixão estavam entrelaçadas no projeto de conhecimento racional do Brasil, mesclado pelo amor ao país e o compromisso de resgatar os mais humildes de sua condição abjeta. Esse movimento fazia parte da construção da identidade cultural brasileira, que incluía também o resgate sócio-econômico. Mário compreendia a atividade do intelectual como uma função de liderança e vanguarda nas atitudes e nas ideias. Ele preferia uma atitude assumida, mesmo que equivocada, ao abstencionismo diante de fatos e situações sociais que exigiam resposta. Preferia que os críticos tomassem posição, pois essa atitude tiraria o ambiente cultural de seu constante estado de 'inconsciência', que caracterizava o Brasil de então.

Somente a crítica decidida e posicionada poderia afastar de vez a velha prática do bom-tom e da coleção de impressões agradáveis, enfim, tudo o que cheirasse a passadismo. Quando do *affaire* Lúcio Costa, em 1931, que implicou na demissão do arquiteto da direção da Escola Nacional de Belas Artes, por pressão dos conservadores de dentro e fora da Escola, o tom da crítica mariana foi de contundência em defesa do amigo e do modernismo, apelando para o princípio da concorrência como o mais salutar a ser instituído na Escola e na vida cultural. O uso da crônica foi a tribuna da qual Mário podia defender seu ponto de vista e a do grupo moderno em oposição ao grupo conservador que chamava de passadista. A luta pelo apoio oficial foi renhida, uma vez que ambos os grupos só subsistiriam apoiados pelo poder instituído. Fora da esfera oficial era praticamente impossível sobreviver, quanto mais fazer proselitismo e angariar apoios.

Nas duas décadas que se sucederam a 1930, veremos a luta intensa dos modernistas por espaço e apoio oficiais o que, na prática, só nos anos 50 é que o modernismo se consolida e adquire foros de cultura oficial. Mário raramente obtinha resposta às suas críticas que, de um tom indignado, passaram à ironia, ao tratar dos temas de cultura nacional que exigiam uma pronta resposta para a salvação e a conservação de um bem histórico, como o que ocorreu com as obras do Aleijadinho em 1930, quando se comemoraria o provável bicentenário de nascimento do gênio mulato. Sete anos mais tarde era aprovada a lei de defesa do patrimônio histórico e artístico inspirada em projeto, mais amplo e completo, elaborado por Mário de Andrade. Nessa caminhada, Mário encontrou adeptos e simpatizantes da causa modernista e pode contribuir intensamente para a consolidação da visão moderna da cultura brasileira.

Mário dividiu sua crítica entre o ensaio e a crônica. A crônica escrita sempre no calor da hora é polêmica, exaltada por vezes, irônica quase sempre, reflexiva algumas vezes. Sempre os temas estavam ligados a problemas que preocupavam o crítico e, em muitos casos, os artigos rápidos de jornal e revista serviram de base para estudos mais aprofundados nos ensaios, e de questões estéticas esparsas em diversos títulos que elaborou ou publicou, ao longo de sua vida, principalmente após 1935 e no plano das *Obras Completas*, editadas pela Editora Martins de São Paulo, a partir de 1940.

Os ensaios têm maior equilíbrio, maiores profundidade de abordagem. As teses buscam argumentos para subsistirem, além das polêmicas da crônica, visando mais que o debate, o conhecimento e a adesão do leitor. O eixo central da reflexão se chama Brasil, e tudo gira em torno desse enigma que se propõe a todos um 'decifra-me ou te devoro'. Para Mário, seu principal cometimento era o de decifrar o enigma e clarear as linhas básicas da cultura nacional, que apontassem direções para a produção cultural do presente.

> Exigiu de si, e de todos os outros que pretendiam realizar a mesma empresa, sacrifícios e abnegações, postergou desejos, dirigiu vontades para que a missão fosse levada a bom termo. Sempre crítico e reticente com a sociedade pela qual empenhou seus esforços, não deixou, contudo, de perseverar (AVANCINI, 1998, p. 49).

Mário, numa de suas crônicas publicadas em Táxi, afirmava a respeito do intelectual participante: "na realidade a situação pra quem queira se tornar um intelectual legítimo é terrível. Hoje mais que nunca o intelectual é protótipo do fora-da-lei. O intelectual é o ser livre em busca da verdade" (ANDRADE, 1976, p. 516).

Mário julgava que o intelectual pode e, muitas vezes, deve assumir uma 'verdade temporária' a serviço de alguma ideologia ou de utopias: "(...) nada no mundo o impedirá de ver, de recolher e reconhecer a verdade da miséria dos homens. O intelectual verdadeiro, por tudo isso, sempre há de ser um homem revoltado e um revolucionário, pessimista, cético e cínico: fora-da-lei" (ANDRADE, 1976, p. 516).

Concluindo, vemos que Mário de Andrade construiu para si uma personalidade de artista e intelectual compromissado com seu tempo e com as questões candentes da época, e apostou toda sua energia no perscrutar as raízes da cultura brasileira, e em formular um conjunto de ideias, concepções e projetos para efetivar a maturação da cultura nacional e de alçá-la ao nível das grandes culturas do Ocidente. Elaborou a proposta mais abrangente e profunda de seu tempo, que até hoje tem atualidade e pertinência em muitos aspectos. Posicionou-se dessa maneira longe do ideal wildeniano da vida como obra de arte desvinculada de qualquer compromisso com o mundo, puro objeto para contemplação e deleite. Para Mário, sua vida foi obra engajada com as questões do seu tempo e de seu país, tentava responder a urgências do momento e as do projeto cultural que elaborou em consonância com as necessidades que julgava serem do povo a quem queria servir. Atitude romântica, a sua? Sim, mas só que com os pés cravados no chão brasileiro.

Referências bibliográficas

ALVARENGA, Oneyda. Mário de Andrade – Oneyda Alvarenga: cartas. São Paulo: Duas Cidades, 1983.

ANDRADE, Mário de. Do Cabotinismo. In: O empalhador de passarinho. 3ª Ed. São Paulo/Brasília: Martins/INL, 1972.

_____. *Táxi e crônicas do Diário Nacional.* São Paulo: Duas Cidades/SCCT, 1976. Intelectual – II, p. 516.

AVANCINI, José Augusto. *Expressão Plástica e consciência nacional na crítica de Mário de Andrade.* Porto Alegre: Ed. Universidade/UFRGS, 1998.

ROGER, Alain. *Court traité du paysage.* Paris: Gallimard, 1997.

ROSENFELD, Anatol. Mário e o Cabotinismo. In: *Texto/Contexto.* 4ª Ed. São Paulo: Perspectiva, 1985.

Formas de representação da subjetividade no romance brasileiro: de 1880 a 1930

Ana Maria Lisboa de Mello

No início do século XIX, a sensibilidade romântica já havia rompido com os ideais estéticos clássicos, com os paradigmas iluministas, e dera à subjetividade - o Eu - um valor preeminente, de tal modo que preparou o caminho para que a literatura posterior - simbolista, surrealista, modernista - explorasse a subjetividade, o sonho e o inconsciente. Aquilo que constituía o cerne do romance de Honoré de Balzac e, depois, de Émile Zola, ou seja, a intriga ou a série de acontecimentos ligados entre si, constituintes da história, é substituída, na criação ficcional, pela sondagem da vida interior, pela perquirição filosófica e a visão poética.

No decorrer do século XIX, o romance é, portanto, um gênero que se consolida e se desdobra em diferentes tendências, algumas delas precursoras de procedimentos estéticos que se ampliarão no século XX. Do ponto de vista da renovação do discurso, é significativa a inovação introduzida por *Mme Bovary* (1856), de Gustave Flaubert, romance que aproxima, através do discurso indireto livre, o narrador onisciente e a protagonista Emma, fazendo com que, como observa Vargas Llosa, as fronteiras entre esse dois seres ficcionais se evaporem. Esse procedimento gera ambivalência na tessitura narrativa, de modo que, "o leitor não sabe se aquilo que o narrador disse provém do relator invisível ou do próprio personagem que está monologando *mentalmente*"[1].

1. LLOSA, Vargas. *A orgia perpétua*: Flaubert e Madame Bovary. Rio de Janeiro: Francisco Alves, 1979. p. 154.

O uso do discurso indireto livre é um procedimento que permite narrar diretamente os processos mentais da personagem, descrever sua intimidade e colocar o leitor no centro da sua subjetividade. O indireto livre participa do discurso indireto, mas, ao contrário deste, conserva, em geral, a sintaxe, o léxico e as modalidades (exclamativa, interrogativa, etc.) do discurso direto. A personagem fala através do discurso do narrador, provocando a citada fusão entre as duas instâncias ficcionais. Esse recurso transforma-se em monólogo interior, quando o relato do pensamento da personagem é feito em primeira pessoa e estende-se por um longo trecho da narrativa.

No que se refere à construção das personagens, é significativa a contribuição de Dostoievski para o desenvolvimento do romance psicológico. O escritor russo cria personagens cindidas por pressões opostas, tais como amor/ódio, crueldade/masoquismo, humildade/arrogância, colocando-as diante de alternativas em relação às quais devem se posicionar, motivo por que se desdobram em constantes processos de autoanálise e autocrítica. Nesse conflito, seguidamente entra em pauta o conflito entre liberdade individual e os interesses coletivos. Conforme Hauser, "o herói de *Memórias do subterrâneo*, Raskolnikov (de *Crime e castigo*), Kirilov (de *Os demônios*) e Ivan Karamazov, todos eles atacam esse problema, todos se batem contra o perigo de serem devorados pelo abismo da liberdade absoluta, do arbítrio individual e do egoísmo".[2] Dostoievski realiza a expressão da autoconsciência, deslocando a ênfase da retratação do real para a forma como a personagem vê a realidade e a si mesma, ou seja, introduz, conforme observa Bakhtin, "tudo no campo de visão da própria personagem".[3] Com esse recurso, delineia a alma humana negativamente, caracterizando-a pela angústia e pelo vazio existencial, e mostra o homem mergulhado em tudo aquilo que não é a

2. HAUSER, Arnold. *História social da literatura e da arte.* São Paulo: Mestre Jou, 1982. Tomo II, p. 1023.

3. BAKHTIN, Mikhail. *Problemas da poética de Dostoiévski.* Rio de Janeiro: Forense-Universitária, 1981. p. 40.

expressão verdadeira de sua alma: "seus erros, seus crimes, sua exaltação, sua impotência".[4]

O romance simbolista, no final do século XIX, rompe com as convenções da narração realista e explora "monólogo interior, evolução dos pontos de vistas, desintegração da personagem e metamorfoses da composição" e, de modo bastante ousado, a "flexibilidade do gênero romanesco".[5] Essa ruptura com as técnicas tradicionais do romance, de ênfase na mimese do real, faz com que seja chamado de o "romance do ser",[6] marcado por uma linguagem que perde seu caráter imediatista para desvelar, sem perder completamente a relação com o quotidiano, a vida da alma e alcançar o Absoluto.

Às avessas (1884), de J.-K. Huysmans, e *Os loureiros estão cortados* (1887), de Édouard Dujardin, são duas expressões dessas mudanças na narrativa de ficção. O primeiro apresenta uma personagem – Des Esseintes – excêntrica e decadente, que se recusa a viver na mediocridade do mundo. O segundo explora o estado de alma do protagonista do relato – Daniel Prince – através do monólogo interior, com uma linguagem que pretende mostrar o movimento ininterrupto da consciência. Daniel é mais mundano do que a personagem Des Esseintes, de Huysmans, mas ambos sofrem de tédio, dúvidas e obsessões.

Dujardin observa que, embora o romance simbolista queira revelar a vida interior de suas personagens, ele não consegue abstrair-se totalmente da vida cotidiana: "O romance que pretenderá dizer a vida da alma será balançado incessantemente entre a exaltação poética e o banal do cotidiano vulgar".[7]

---

4. ALBERÉS, R.-M. *Histoire du roman moderne.* Paris: Albin Michel, 1962. p. 268
5. JACQUOD, Valérie Michelet. *Le Roman symboliste: um art de l' "extreme conscience".* Géneve: Droz, 2008. p.15 (traduzimos).
6. Termo empregado por Eric Marty e citado por Valérie Michetet Jacquod em: *Le Roman symboliste; un art de l' "extrême conscience".*
7. DUJARDIN, apud JACQUOD, op.cit., p. 19 (traduzimos).

Por sua ambição de expressão do essencial, não visível, e de "antirrepresentantividade", a poesia parece ser o gênero natural para expressar os princípios da nova estética, de tal modo que o termo "romance" parece expor uma contradição, uma inadequação em relação aos ideais simbolistas. Para Jacquod, a interpretação de que o romance simbolista é um romance-poema aplica-se somente a algumas narrativas mais breves, tal como *Bruges-la-morte* (1892), de Georges Rodenbach, mas assinala o crítico que:

> Cada romance simbolista integra, em um grau ou outro, de maneira explícita ou não, o ideal do 'romance do ser', o que significa que cada romance simbolista visa descrever um estado poético do sujeito, mais frequentemente o sujeito que escreve, fato que o aproxima do poema em prosa. [8]

No caminho de Dujardin, Henry James vai adotar procedimentos semelhantes e explorar as obscuras regiões da mente, fazendo com que a história transcorra através de uma inteligência central, que avalia tudo; Marcel Proust começa a publicar, em 1913, *Em busca do tempo perdido*, no qual a memória, seguidamente involuntária, reconduz o narrador ao passado, aos lugares e experiências que ficaram ocultas pelo véu do esquecimento; James Joyce, que publica *Retrato de um artista quando jovem* em 1916, inspira-se nas práticas simbolistas francesas, sobretudo na utilização do monólogo interior. Esse evoca o fluxo ininterrupto dos pensamentos que atravessam a alma da personagem, à medida que nascem, sem explicar o seu encadeamento lógico. Trata-se de "um discurso anterior à organização lógica, que reproduz o pensamento em estado nascente e em estado bruto".[9] *Ulisses* (1922) é também, em muitos aspectos, um romance

8. JACQUOD, ib., p. 20
9. DUJARDIN apud SALLENAVE, Daniele. Sobre o "monólogo interior": leitura de uma teoria. In: In: ROSSUM-GUYON, Françoise Van et alii. Categorias da narrativa. Lisboa: Vega, s.d. p. 111.

que revela ter origens na experiência simbolista, com o emprego do monólogo interior, ao mesmo tempo em que inspira e irradia suas conquistas para criações posteriores.

Herdeiro de todas as transformações do final do século XIX e início do XX, o romance modernista, como observam Flechter e Bradbury, vai pôr em evidência questões como "as complexidades de sua própria forma, com representações de estados íntimos da consciência, com um sentimento de desordem niilista por trás da superfície ordenada da vida e da realidade, e com a libertação da narrativa diante da determinação de um oneroso enredo". [10] Assim, livre das convenções realistas, *stricto sensu*, o romance modernista insere, no discurso ficcional, a discussão sobre a própria criação literária e torna-se mais próximo da vida ao desvelar a sequência desordenada do pensamento, do tempo, bem como a complexidade do psiquismo humano.

Nesses romances, o espaço social finito torna-se a moldura de uma expansão interior infinita. Desse modo, espaços fechados, como o sanatório da *A montanha mágica*, de Thomas Mann, por exemplo, permitem ao protagonista a experiência do devaneio sem restrições, situação que, no caso desse romance, se contrapõe ao mundo dos negócios e da guerra, próprios da "planície".

No Brasil, os romances *O Ateneu* (1888), de Raul Pompeia, *Dom Casmurro* (1899), de Machado de Assis, narrados em primeira pessoa, são obras que incorporam procedimentos discursivos do romance europeu; têm em comum a experiência da solidão, propícia à introspecção, ao fluir da memória dos acontecimentos passados e à autocompreensão.

Sérgio, narrador e protagonista de *O Ateneu*, viu-se obrigado, na puberdade, a aceitar a clausura do internato escolar, onde viveu experiências decisivas para a sua formação interior; Bentinho fecha-se solitariamente em uma casa, réplica daquela em que se criou e

10. FLECHTER, J. & BRADBURY, M. O romance de introversão. In: BRADBURY & MACFARLANE. *Modernismo: Guia Geral.* São Paulo: Cia das Letras,1989. p. 321.

onde conheceu Capitu, para mergulhar dentro de si mesmo e compreender a sua história. Ambos, pela memória, recuperam experiências vividas no Internato e na casa familiar, e deixam filtrar, através de um discurso ambíguo e feito de lacunas, sobretudo em Machado, o seu perfil psicológico.

A geração simbolista, sobretudo a francesa, repercutiu nos escritores brasileiros, filhos da elite que tinha possibilidades de ir à Europa e de tomar conhecimentos das manifestações estéticas do velho continente. *Mocidade Morta* (1899), de Gonzaga Duque, *Amigos* (1900), de Nestor Vítor e *No hospício* (1905), de Rocha Pombo são romances marcados pelas inovações simbolistas.

No hospício, um narrador-testemunha opta por internar-se em um manicômio para estabelecer contato com um ser humano que ali se refugiou do mundo, por incompatibilidade com a família e os valores vigentes, e trocam ideias, através da permuta de textos filosóficos que se inserem na narrativa principal, espécie de texto dentro do texto, semelhante à história dentro da história, na técnica da *mise-en-abîme*.

O romance de Rocha Pombo é considerado por alguns críticos, tais como Massaud Moisés e Andrade Muricy,[11] a narrativa que melhor realiza a estética simbolista. Muricy diz o seguinte a respeito do romance:

> O seu estranho romance *No Hospício* muito sofreu por ter aparecido numa época de predomínio materialista e naturalista, que não obstara, entretanto, ao sucesso anterior de *Canaã*, de Graça Aranha, de feitio predominantemente simbolista, e que anunciava o misticismo exasperado de Malazarte. A crítica, simplista, e mesmo elementar por vezes – a que desconhecera Cruz e Sousa – não tomou conhecimento de *No Hospício*.

11. Cf. MOISÉS, Maussad. *A literatura brasileira. O Simbolismo* (1893-1902). São Paulo: Cultrix, 1967. p. 251; MURICY, Andrade. *Panorama do movimento simbolista brasileiro.* São Paulo: Perspectiva, 1987. Vol.1, p. 129.

> Neste livro, contudo, observam-se notas precursoras do romance metafísico. Nele encontramos elevado senso místico, aventuras curiosíssimas do pensamento, um escorço de poema épico-filosófico, além de páginas que valem poemas em prosa, admiráveis de profundeza iluminada, e tipicamente simbolistas, tanto no que concerne ao vocabulário, como à temática e à atmosfera espiritual. [12]

Esse isolamento do mundo pode advir também do contato com a natureza, longe do burburinho citadino, como acontece no romance *Canaã* (1902), de Graça Aranha, narrado em terceira pessoa. Neste romance, os protagonistas, vindos da Europa, encontram no espaço da Mata Atlântica o isolamento necessário às reflexões sobre o destino da humanidade e o diálogo e debate de ideias entre as personagens Milkau e Lentz, no seio da natureza, sobrepõe-se à sequência de acontecimentos, assumindo uma tendência ensaística.

Afrânio Coutinho sublinha, na Nota Editorial à *Obra Completa*, de Graça Aranha, que o romance se coloca naquela encruzilhada em que a estética realista e a simbolista se encontram, dando origem a outro tipo de narrativa, considerada por vezes de impressionista:

> A obra enquadra-se naquela fase em que o realismo e simbolismo convergem para uma espécie de fusão, de que resultou um estilo peculiar, o impressionismo. Sua prosa é bem o exemplo desse estilo iniciado entre nós com Raul Pompeia.[13]

Publicados em espaço de quatorze anos – de 1888 (*O Ateneu*) e 1902 *(Canaã)* constituem-se tentativas iniciais de construção de narrativas de introspecção, com emprego de técnicas narrativas re-

12. MURICY, id., p. 129.

13. COUTINHO, Afrânio. Nota Editorial. In: ARANHA, José Pereira da Graça. *Obra Completa*. Org. por Afrânio Coutinho. Rio de Janeiro: Instituto Nacional do Livro, 1968, p. 11.

veladoras dos processos íntimos, com exploração do tempo psicológico e da memória carregada de afetividade. Por isso, esses romances compõem o que se poderia chamar de fase de formação do romance de exploração da subjetividade no Brasil.

Em 1916, Albertina Bertha publica *Exaltação*, romance com passagens líricas, digressões filosóficas e pesquisa sobre o eu-profundo, que põe em xeque a condição feminina na sociedade da época, obra cujos procedimentos guardam ainda uma tonalidade decadentista.[14]

Andrade Muricy, em 1926, com o romance *A festa inquieta*, retoma essa vertente, também cultivada por Adelino Magalhães na narrativa curta. A narrativa de Muricy passa-se em um sanatório para tratamento de tuberculosos nos Alpes, tal como *A montanha mágica*, de Thomas Mann. Esse espaço de isolamento propicia reflexões do narrador-protagonista, plenas de inquietude a respeito da vida, do ser e do não-ser, bem como a experiência do silêncio na "ardente atmosfera da noite", própria ao devaneio espiritual. Nesse romance, com uma prosa marcada pela poeticidade – alguns capítulos são poemas em prosa – a noite se afigura como o momento privilegiado para o surgimento do sonho:

> Todas as noites, num tumulto de imaginação, desabrochava o sonho, como floração mórbida atormentada. De cada vez era eu arrastado a um turbilhão de paixões, em que furiosos movimentos d' alma se sucediam.
>
> Naquela vida claustral, eu como que desviara para o sonho, inteira, a minha ânsia de viver. Monótona, disciplinada, minha

14. Sobre a autora Albertina Bertha e sua obra literária há um estudo realizado por Anna Faedrich Martins, em sua Dissertação de Mestrado, em que se verificam os processos subjetivos e as técnicas narrativas de apresentação da consciência em *A exaltação*, bem como a filiação da escritora à vertente do romance de introspecção no Brasil. Cf. MARTINS, Anna Faedrich. *O romance de introspecção no Brasil: o lugar de Albertina Bertha*. Porto Alegre, PPGL/PUCRS, 2009. 111 pp.

> existência precária de enfermo represava os ímpetos da sensibilidade, constrangia todos os desejos.
>
> À noite tudo isso se expandia, nos ambientes misteriosos. Despertava exausto; e era a melancólica realidade que me repousava da ardente ação noturna.[15]

O romance de Muricy, *A festa inquieta,* alude à festa do espírito, do mergulho no Eu, e deu origem ao nome da Revista Festa, da corrente espiritualista do Modernismo brasileiro no Rio de Janeiro. Concebido entre os 27 e 29 anos do autor, quando se viu obrigado a ir para a Suíça para recuperar a saúde, coincide com o momento em que o escritor toma contato, nos Alpes Rhéticos, com a literatura[16] de Valéry-Larbaud, Giraudoux, Paul Morand e com os volumes de *Em busca do tempo perdido,* de Marcel Proust, à proporção que iam sendo publicados.[17]

Na linguagem desses romances perpassam imagens simbólicas que dão os contornos da experiência interna, marcada por uma percepção psicológica fina, desveladora do sentimento de solidão e de inadaptação ao mundo e seus valores, bem como das angústias e dúvidas em relação ao sentido da existência. Os procedimentos narrativos de Cornélio Penna, Graciliano Ramos (sobretudo em *Angústia*), Lúcio Cardoso (a partir de *A luz no subsolo*), Clarice Lispector, Guimarães Rosa, Adonias Filho, Raduan Nassar, entre outros, demonstram a consolidação do romance de introspecção no Brasil.

Devido à tendência da crítica brasileira a valorizar a ficção mais "engajada", comprometida com a denúncia da realidade social

---

15. MURICY, Andrade. *A festa inquieta.* In:___ *A festa inquieta/ Partida para a Europa.* Rio de Janeiro: Irmãos Pongetti, 1957.

16. Cf. MURICY, Andrade. Como um pósfácio. In: MURICY, Andrade. *A festa inquieta/ Partida para a Europa.* Op. cit. p. 270.

17. Entre 1920 e 1927, foram publicados: *Le côté de Guermantes* I; *Le côté de Guermantes* II; *La Prisonnière*; *Albertine Disparue* et *Le temps retrouvé.* Marcel Proust morre em 1922.

brasileira, esses romances cujo foco mais nítido é a subjetividade, seus conflitos e indagações interiores ficaram, em grande parte, esquecidos pelos críticos e historiadores da literatura. Luis Bueno, em *Uma história do romance de 30,*[18] demonstra essa tendência da crítica e da historiografia, trazendo dados muito relevantes sobre a presença de autores mais intimistas no chamado "romance de 30", rótulo que, em muitas pesquisas, abrigam apenas os romances "empenhados" ou de compromisso social. Sabe-se, no entanto, que a luz maior sobre o sujeito e seus processos psíquicos e indagações não elide a denúncia do contexto.

Angústia (1936), de Graciliano Ramos, é um exemplo de romance de 30 que conjuga a revelação da sociedade, com seu desequilíbrio econômico e suas chagas morais, e repercussão de tudo isso na consciência de uma personagem. A narrativa expõe uma contiguidade de tempos, cronologicamente distantes, na mente do protagonista Luís da Silva: o tempo da infância no interior de Alagoas, quando tinha uma vida tranquila e sem privações, já que pertencente à oligarquia rural, e tempo presente, quando já está empobrecido e psicologicamente desestruturado, mas dotado de sólida formação intelectual que lhe permite refletir sobre si e o meio social. No ato de narrar suas memórias, Luís da Silva reproduz seus devaneios pela cidade, com trajetos percorridos, observações feitas com relação à multidão e às suas frustrações, entremeando essas visões com estilhaços do passado, "sombras antigas", que insistem em retornar à sua mente.

Esses romances, com diferentes perfis, revelam o desdobramento do sujeito sobre si mesmo, o desencadeamento da "recordação",[19] no sentido de Staiger, e o mergulho no psiquismo, com digressões filosóficas, que aproximam, em muitas passagens, o ro-

18. BUENO, Luís. *Uma história do romance de 30*. Campinas/ São Paulo: EdUNICAMP/ EDUSP,2006.

19. Para Staiger, 'recordar' deve ser o termo para a falta de distância entre sujeito e objeto, para o *um-no-outro* lírico.

mance do ensaio e, em alguns casos, de uma prosa lírica. Nessas narrativas, a sociedade é avaliada e revelada pelas reflexões do sujeito - centro de consciência - que projeta, através de sua própria experiência, uma tela onde todos os indivíduos podem se reconhecer como diante de um espelho.

Referências bibliográficas

ALBERÉS, R.-M. *Histoire du roman moderne.*Paris: Albin Michel, 1962.

BAKHTIN, Mikhail. *Problemas da poética de Dostoiévski.* Rio de Janeiro: Forense-Universitária, 1981.

BRADBURY & MACFARLANE. *Modernismo:* Guia Geral. São Paulo: Cia das Letras, 1989.

BUENO, Luís. *Uma história do romance de 30.* Campinas/ São Paulo: EdUNICAMP/EDUSP, 2006.

COUTINHO, Afrânio. Nota Editorial. IN: ARANHA, José Pereira da Graça. *Obra Completa.* Org. por Afrânio Coutinho. Rio de Janeiro: Instituto Nacional do Livro, 1968.

HAUSER, Arnold. *História social da literatura e da arte.* São Paulo: Mestre Jou, 1982. Tomo II, p. 1023.

JACQUOD, Valérie Michelet. *Le Roman symboliste: un art de l' "extreme conscience".* Géneve: Droz, 2008.

LLOSA, Vargas. *A orgia perpétua*: Flaubert e Madame Bovary. Rio de Janeiro: Francisco Alves, 1979.

MARTINS, Anna Faedrich. *O romance de introspecção no Brasil: o lugar de Albertina Bertha.* Dissertação (Mestrado em Letras) - Faculdade de Letras. Porto Alegre, Pontifícia Universidade Católica do Rio Grande do Sul, 2009.

MOISÉS, Maussad. *A literatura brasileira. O Simbolismo* (1893-1902). São Paulo: Cultrix, 1967.

MURICY, Andrade. *A festa inquieta.* In:___ *A festa inquieta/ Partida para a Europa.* Rio de Janeiro: Irmãos Pongetti, 1957.

MURICY, Andrade. *Panorama do movimento simbolista brasileiro.* Vol.1. São Paulo: Perspectiva, 1987.

SALLENAVE, Daniele. Sobre o "monólogo interior": leitura de uma teoria. In: ROSSUM-GUYON, Françoise Van et alii. *Categorias da narrativa.* Lisboa: Vega, s.d.

STAIGER, Emil. *Conceitos fundamentais da poética.* Rio de Janeiro: Tempo Brasileiro, 1975.

Alguém sabe quem foi Zilah Mattos Totta?

Maria Helena Menna Barreto Abrahão

Desde 1998, vimos trabalhando com Histórias de Vida de destacados educadores sul-rio-grandenses. É um trabalho que exige tempo e muita dedicação, mercê da metodologia de pesquisa que utilizamos, o cuidado que esta exige em termos de rigor epistemológico, de possibilidades e diferenciação de fontes e do tempo de que se necessita para obviar essas Histórias de Vida.

Qual a razão desta busca, já que tão complexa e árdua se apresenta?

Qual a relevância social de um estudo dessa natureza?

Ao questionarmos nossos alunos, não só do Curso de Pedagogia mas, igualmente, do Mestrado e do Doutorado, temos sempre uma surpresa: os primeiros, ainda jovens, muitos dos quais não exercem o magistério, nunca ouviram falar. Dentre os mestrandos e doutorandos, embora todos já exerçam a docência, muitos deles há vários anos, poucos ou nenhum sabem a resposta.

Isto é surpreendente, porque Zilah Mattos Totta tem uma história de relevantes realizações no estado do Rio Grande do Sul, na área da educação, constituindo-se em uma significativa personagem da História da Educação do estado. História que ajudou a construir.

Assim como em relação a essa educadora, o fenômeno do esquecimento e do desconhecimento é generalizado no que respeita a outros eminentes educadores.

Nessa ótica, é que elegemos como objeto de estudo a vida que há nas Histórias de Vida de destacados educadores sul-rio-grandenses e sua representatividade na História da Educação do Rio

Grande do Sul, em especial no que tange à construção identitária (o ser educador) e à ação docente durante o século XX[1].

A pesquisa com os educadores tem caráter longitudinal e, portanto, tem continuidade. Desejamos ampliar o estudo já realizado com os 36 destacados educadores[2], bem como aprofundar esse estudo, filtrando mais o veio teórico concernente à profissionalização docente, ao conceito professor reflexivo-crítico-transformador, à construção identitária[3], isto é, procurando avançar no conhecimento

1. A pesquisa, na atual fase, apresenta significativa produção, em que se destacam a organização e publicação de três livros, contendo ao todo Histórias de Vida de 36 educadores (há já um quarto em organização), a saber: ABRAHÃO, M.H.M.B. (org.). História e Histórias de Vida – Destacados Educadores Fazem a História da Educação Rio-grandense. Porto Alegre: EDIPUCRS, 2001a. (2ª ed. 2004), (279 p); ABRAHÃO, M.H.M.B. (org.). Identidade e Vida de Educadores Rio-Grandenses: Narrativas na primeira pessoa (... e em muitas outras). Porto Alegre: EDIPUCRS, 2004a (260 p); ABRAHÃO, M.H.M.B. (org.). Educadores Sul-riograndenses: muita vida nas Histórias de Vida! Porto Alegre: EDIPUCRS, 2008a (304 p); e a organização de dois livros de base teórico-metodológica: ABRAHÃO, M.H.M.B. (org.). A Aventura (Auto) Biográfica – Teoria & Empiria. Porto Alegre: EDIPUCRS, 2004b (599 p.) e, em conjunto com SOUZA, E.C. de & ABRAHÃO, M.H.M.B. (orgs.). Tempos, narrativas e ficções: a invenção de si. Porto Alegre/Salvador: EDIPUCRS/EDUNEB, 2006a (357p). No Programa de Pós-Graduação em Educação da PUCRS, a pesquisa em andamento obviou a estruturação de Seminários Avançados em Pesquisa Autobiográfica para mestrandos, e de Seminário Instrumental em Pesquisa Autobiográfica exclusivamente para doutorandos, além de Leituras Independentes para doutorandos e Orientações de Dissertações e Teses com essa matriz teórico-metodológica. A produção comporta, ainda, publicações em periódicos especializados e em livros, no país e no exterior, além de participações em eventos, igualmente no país e no exterior, e em bancas cuja matriz teórico-metodológica é a pesquisa autobiográfica.
2. Essa metodologia de pesquisa é complexa, desde que exige tempo, paciência, sensibilidade e extrema seriedade, desde que envolve a necessidade do estabelecimento e solidificação de incontestável confiança entre os pesquisadores, os personagens e pessoas-fonte, bem como a clarificação límpida dos objetivos da pesquisa, dos procedimentos, etc., a avaliação pari passu do processo, modificando procedimentos, reestruturando-os, re-avaliando, de tal forma que a pesquisa possa seguir seu desenvolvimento de modo adequado a características muito especiais. Além disso, estamos, igualmente, ampliando e aprofundado o estudo do aporte teórico-metodológico da pesquisa e a reflexão crítica sobre sua aplicação prática.
3. Esse construto tem sido trabalhado pelo GP na acepção de Lessard (1986), como a relação que o professor estabelece com a profissão, com seus colegas e a construção

de nosso objeto de estudo para o qual as Histórias de Vida representam um importante operador e, de outra parte, um produto. Nesse sentido, procuraremos afinar mais o aporte teórico-metodológico da pesquisa que emprega narrativas (além de outras fontes[4]) para construir as Histórias de Vida de mais 12 destacados educadores sul- rio-grandenses, com vistas à publicação de mais um volume de livro, perfazendo publicações que se estão consubstanciando como uma COLEÇÃO.

Face ao já referido, trazer visibilidade a destacados educadores sul-rio-grandenses é a razão primeira de trabalharmos com o veio de pesquisa – Histórias de Vida – no concerto da tradição (Auto) biográfica em pesquisa.

É bom desde logo esclarecer que, em nosso entendimento, o método é (Auto)biográfico; a História de Vida é a metodologia. Para obviarmos a pesquisa com essa metodologia, utilizamos diferenciadas fontes: narrativas de vida, em especial, narrativas de vidas cruzadas; documentos (oficiais e pessoais), notícias em jornais e revistas, diários, relatos biográficos, correspondência, fotos, e técnicas: triangulações de informações e análise em profundidade das fontes.

A seguir, cremos importante contextualizar, mesmo que de forma breve, a pesquisa com destacados educadores sul-rio-grandenses.

---

simbólica que essa relação implica, tanto no campo pessoal como no interpessoal, com base nas representações que os professores elaboram a respeito dos aspectos da atividade docente e na de Stuart Hall (1996), como uma construção implicada com a vivência da cultura. E outros, como Derouet (1988); Moita (1995) e Nóvoa (1995), sem entrar na discussão encetada por autores da Psicologia Social. Também conforme Ciampa (2001), embora da Psicologia Social, quando utiliza a metáfora: identidade é metamorfose, isto é: um processo em contínua construção/reconstrução.

4. "Através da narrativa, as pessoas lembram o que aconteceu, colocam a experiência em uma sequência, encontram possíveis implicações para isso, e jogam com a cadeia de acontecimentos que constroem a vida individual e social" (JOVCHELOVITCH & BAUER, 2002). Sobre narrativas no cenário educacional, em especial: Larrosa (1995; 1999); Mc Ewan & Egan (orgs. 1995); Bolívar et al (2001).

A pesquisa[5]

Informações gerais

Cabe, neste momento, relembrar que o Rio Grande do Sul tem em seu meio educadores que fizeram a História da Educação sul-rio-grandense, cujas histórias individuais/coletivas correm o risco de perder-se, pois não há acervo a respeito. A história de vida e a

5. *Grupo de Pesquisa "Identidade e Profissionalização Docente" - GRUPRODOCI*
Coordenação: Maria Helena Menna Barreto Abrahão

Pesquisadores Associados:
Professores Doutores: Chiara Vangelista – Universidade de Turim e Universidade de Gênova (Itália); Beatriz Daudt Fisher – Universidade do Vale do Rio dos Sinos – UNISINOS, São Leopoldo, RS, Brasil; Edla Eggert – UNISINOS, Brasil; Elizeu Clementino de Souza – Universidade do Estado da Bahia, BA, Brasil; Helena Costa Araújo – Universidade do Porto, Portugal; Jorge Larrosa – Universidade de Barcelona, Espanha; Jorge Luiz da Cunha – Universidade Federal de Santa Maria, RS, Brasil; Maria da Conceição Passeggi – Universidade do Rio Grande do Norte, Natal, RN, Marie-Christine Josso – Universidade de Genebra, Suíça.

Pesquisadores Colaboradores:
Professores Doutores: Antonio Hohlfeldt – PUCRS, Brasil Claus Dieter Stobaus – PUCRS, Brasil; Eliana Perez Gonçalves de Moura – FEEVALE; Eliane Peres – Universidade Federal de Pelotas, RS, Brasil; Helenise Sangoi Antunes – Universidade Federal de Santa Maria, RS, Brasil; Henning Salling Olesen – Roskilde University, Dinamarca; Paula Perin Vicentini – Universidade de São Paulo – USP, SP, Brasil; Shawn Moore – Universidade de Toronto, Canadá; Tamar Rapoport – Universidade Hebraica, Jerusalém; Valeska Fortes de Oliveira – Universidade Federal de Santa Maria, RS, Brasil.

Pesquisadores Efetivos
Professores Doutores: Juan Mosquera – PUCRS, Brasil; Lourdes Frison – UFPEL; Marcos Villela Pereira – PUCRS; Maria Helena Menna Barreto Abrahão – PUCRS; Núncia Santoro de Constantino – PUCRS.
*Doutorandos: Clarice Gorodicht**; Cleber Ratto*, Clênio Lago; Edgar Zanini Timm*; Ledi Schneider; Maria Bernadete Moreira Kroeff*; Mirna Susana Viera Martinez*; Nívia Margaret Rosa Nascimento; Patrícia Wolffenbuttel*; Paulo Fossatti*; Rita Tatiana Cardoso Erbs*.

* Iniciaram como doutorandos, hoje continuam como doutores.
Mestrandos: Fátima Veiga Mendonça*; Roberto Cordeiro Sanches*

* Iniciaram como mestrandos, hoje continuam como mestres.
Bolsista PIBIC: Tatiana Spíndola Hossein

história profissional de cada um são, sem dúvida, um manancial a ser explorado, dando-lhe visibilidade, constituindo-se em rico material de consulta para estudantes de todos os níveis de ensino e, muito especialmente, para mestrandos e doutorandos, educadores, em geral, e de forma especialíssima, para pesquisadores nas linhas de Formação de Professores e de História da Educação.

Trata-se de verificar as características da formação e da prática docente desses destacados educadores: influências que tiveram, tanto durante a vida acadêmica, quanto na vida profissional; processos de construção identitária havidos; entendimento de sociedade, de homem, de educação realizados; relações estabelecidas a partir desse entendimento com a própria prática profissional; veios teóricos que informavam o saber e o fazer desses educadores; qual a *praxis* desses educadores; como se educaram no cotidiano de trabalho; em virtude de que são reconhecidos como destacados educadores em nosso estado. Trata-se, igualmente de, à luz das Histórias de Vida clarificar, para melhor compreender, a própria História da Educação no estado em determinado período histórico-social.

Trata-se, ademais, de pesquisar por dentro do aporte teórico-metodológico das Histórias de Vida para entendê-las em seu tríplice aspecto: tanto como *fenômeno* (a História de Vida, *per se*), quanto como *metodologia de investigação* (a História de Vida compreendida desde o ato narrativo entrelaçado com outras fontes) e, ainda, como *processo de autoconhecimento* (a ampliação da consciência de si, da construção identitária como movimento, obviadas pelo processo investigativo).

Os objetivos

Para obviar esse desiderato, a pesquisa objetiva especificamente:

- proporcionar visibilidade às Histórias de Vida de destacados nomes de educadores que fizeram a História da Educação no Rio Grande do Sul, pela compreensão das relações educativas e de construção de identidades que ocorreram/ocorrem no processo formativo e de trabalho desses educadores, formando um acervo para utilização de estudiosos na área;

- compreender melhor o pensamento e a prática pedagógica inerentes à História da Educação sul-rio-grandense.

Elementos teórico-metodológicos

Nesse momento parece importante referir alguns elementos teórico-metodológicos que vêm emprestando sustentabilidade à pesquisa.

Os personagens e os participantes da pesquisa

Os personagens são escolhidos[6] de tal forma que haja uma distribuição, tanto temporal, como geográfica. Escolhem-se intencionalmente educadores que exerceram/exercem suas atividades e eram/são radicados tanto na capital quanto no interior do Estado. São selecionados por terem se sobressaído como pessoas que realmente influenciaram comunidades e gerações, escrevendo a Histó-

---

6. A escolha intencional dos personagens para o estudo sobre destacados educadores segue critérios, sendo o mais importante o que se refere à indicação pelos pares ou por outros integrantes da comunidade escolar – pais, alunos, administradores escolares – de que este ou aquele personagem deve ser alvo de nosso estudo por caracterizar-se como um/uma "destacado/a educador/a". A expressão destacado educador significa, neste estudo, aquele profissional realmente identificado como EDUCADOR e que, como tal, não poderia deixar de influenciar de forma significativa os colegas, os gestores, os alunos, os pais de seus alunos, a comunidade escolar de forma geral. Não se trata, absolutamente, de um laudatio ou de entendê-lo como um modelo ou como uma pessoa infalível.

ria da Educação sul-rio-grandense. Estão estipulados, a cada etapa, em um número não maior que doze e o número de pessoas-fonte que participam da pesquisa é estabelecido pelos princípios de "redundância e clausura do discurso", de que nos fala Barthes (1970).

Dentro dessa perspectiva, trabalhamos na presente pesquisa com as pessoas, como ensinam Santamarina e Marinas (1994, p.282), não no sentido estrito de sua representatividade amostral, já que não objetivamos desvendar o modo como se distribuem pela população investigada as opiniões ou respostas, mas, sim, os sentidos que os educadores imprimiram ou imprimem a suas vivências e práticas, fenômeno pelo qual as vivências reflexionadas tornam-se, finalmente, experiências.

Aporte teórico que sustenta a metodologia proposta para o trabalho com Histórias de Vida

A explicitação do referencial teórico da metodologia da pesquisa parte da atualidade e pertinência das Histórias de Vida, por parte de Nóvoa (1995), que considera que a vida dos professores constituiu-se por longo tempo em um "paradigma perdido" da pesquisa em educação, mas "hoje, sabemos que não é possível separar o eu *pessoal* do eu *profissional*, sobretudo numa profissão impregnada de valores e de ideais e muito exigente do ponto de vista do empenhamento e da relação humana" (op.cit.p.7), acreditando, por conseguinte, na "importância crescente que as histórias de vida têm adquirido nos estudos sobre os professores, a profissão docente e as práticas de ensino" (op.cit.p.70.) A questão da indissociabilidade do eu pessoal do eu profissional certamente remete à questão da construção da identidade de sentir-se e de ser professor. Segundo Derouet (1988), a identidade profissional de professores é uma elaboração que perpassa a vida profissional em diferentes e sucessivas fases, desde a opção pela profissão, passando pela formação inicial e, de resto, por toda a trajetória profissional do professor, construindo-se com base nas experiências, nas opções, nas práticas, nas continuidades e descontinuidades, tanto no que diz respeito às representações, como no que se refere ao trabalho concreto. Consoante esse entendimento, comungamos com Moita (1995), que considera a história de vida a metodologia com potencialidades de diálogo entre o individual e o sociocultural, pois "só uma História de Vida põe em evidência o modo como cada pessoa mobiliza seus conhecimentos, os seus valores, as suas energias, para ir dando forma à sua identidade, num diálogo com os seus contextos" (p.113).

Sem desconhecer referenciais internacionais importantes como Sarabia (1986), Thompson (1988, 1993), Bertaux (1993) que, além de explicitarem as bases teóricas dessa metodologia, detalham as especificidades das fases do correspondente processo de investigação; como Folguera (1987), Passerini (1988), García Nieto *et al* (1990), Fraser (1990), Grele (1990) e, mais especificamente, no campo da educação Cohn e Kottkamp (1992), que relatam experiências práticas em pesquisa com História de Vida e História Oral e desenvolvem uma análise crítica de trabalhos que empregam essa metodologia, bem como Nóvoa (1995), nos trazendo um seguro aporte teórico-prático e de longa experiência; com Bourdieu (1985) e Benjamin (1988), que nos apresentam elementos para uma teoria da narração e da história oral, num aporte mais genérico no complexo contexto das sociedades modernas, além de autores nacionais que, igualmente, nos auxiliam quanto às concepções gerais dessa metodologia – baseamo-nos, para atentar para requisitos procedimentais específicos da pesquisa (auto)biográfica, especialmente em Santamarina e Marinas (1994), Marinas (2007) e em Pujadas (1992), para nos auxiliarem no estabelecimento da base teórico-metodológica nessa dimensão.

Segundo Santamarina e Marinas (op.cit) e Marinas (op.cit.), "a história oral ou a história de vida tem, na atualidade, um lugar próprio (...) que requer mais que ajustar ou afinar técnicas ou receituários de procedimentos" (p.257). As Histórias de Vida constituem-se de relatos produzidos, por solicitação de um pesquisador, com a intencionalidade de construir uma memória, pessoal ou coletiva[7], em um determinado período histórico, estabelecendo, pesquisador e entrevistado, "uma forma peculiar de intercâmbio que constitui todo o processo de investigação" (p.258), pois nele se produzem as Histórias de Vida, já que essas não pré-existem como tal a esse processo. Nessa ótica, "recolher os relatos ou as histórias de vida não é recolher objetos ou condutas diferentes, mas, sim, participar na elaboração de uma memória que quer transmitir-se a partir da demanda de um investigador. Por isso, a História de Vida não é só uma transmissão, mas uma **construção** da qual participa o próprio investigador." (p. 273), razão pela qual a História de Vida, dada a particularidade de seu modo de produção, "é, seguramente, a forma de máxima implicação entre quem entrevista e a pessoa entrevistada." (p.272). Isto caracteriza o processo de pesquisa que consiste em "fazer surgir" Histórias de Vida em planos históricos ricos de significado, em que aflorem, inclusive, aspectos subjetivos como em Fraser (1990, p.148), ao relatar entrevista com pessoas que participaram da guerra civil na Espanha: "Não esperava recolher de meus informantes novos feitos históricos (...) os testemunhos podiam contar-me não só o que recordavam ter feito, mas também o que pensavam que estavam fazendo àquela época e o que hoje pensam que haviam feito". Pujadas (1992, p.14) estabelece a diferença entre o que chama de Relato de Vida e História de Vida. O primeiro refere-se à história de uma vida estritamente como a pessoa que a viveu conta, ao passo que a História de Vida diz respeito ao estudo de caso referido a uma dada pessoa (ou grupo de pessoas), compreendendo não somente

7. A memória vem sendo por nós trabalhada especialmente como memória individual, tanto do narrador, como do pesquisador, não obstante imbricada às relações vivenciais – sociais e culturais – e por elas informada/significada/ressignificada, desde que o sujeito, ao rememorar fatos e situações, lhes imprime significação singular. Outras compreensões sobre a memória, como memória coletiva e memória pública podemos encontrar, entre outros, em Halbwachs, 1976; 1990; Le Goff, 1995.

seu relato de vida, mas qualquer outro tipo de informação ou documentação adicional que permita a reconstrução de uma trajetória de vida e seu significado da forma mais exaustiva possível. Em se tratando de pesquisa na área educacional pode-se explorar, por meio dessa metodologia, a dinâmica de situações concretas pelo relato em que aflorem as percepções de sujeitos históricos. A construção de Histórias de Vida tem, segundo Santamarina e Marinas (1994), uma dimensão ética e política na medida em que "aposta na capacidade de recuperar a memória e de narrá-la desde os próprios atores sociais" (p. 259), rompendo com formas cristalizadas de investigação que valorizam mais o dado acabado e partindo para a "intenção de capturar sentidos da vida social que não são facilmente detectáveis (...) (buscando) o sentido do tempo histórico e o sentido das histórias submetidas a muitos processos de construção, de re-elaboração de identidades individuais, de grupo, de gênero, de classe em nosso contexto social" (p.259).

Sob este aspecto, em especial, reputamos muito adequada a proposta metodológica de nossa pesquisa, justamente ao pretender construir um conhecimento privilegiando a questão da profissionalização do educador e a respectiva construção identitária, trazendo aportes das histórias contextualizadas de educadores na dimensão não só pessoal, mas, também, nas demais dimensões, principalmente na profissional e sócio-política que àquela se imbricam. Os educadores sul-rio-grandenses que privilegiamos atuaram/atuam muito significativamente nessas dimensões, exercendo seus talentos, seu saber e seu empenho de forma a agir tendo em vista a transformação dos principais condicionantes micro e macro-estruturais embargadores de que educadores possam ser profissionais da educação de modo pleno. As histórias de vida de reconhecidos educadores deixam aflorar aspectos de sua formação que permitem um *constructo* que aporta subsídios para a formação de educadores realmente profissionalizados, desde que entendamos as histórias de vida de destacados educadores sul-rio-grandenses como um potencial para a construção de propostas significativas para a formação de professores e para a profissionalização docente. Dão suporte teórico-metodológico para o desenvolvimento deste veio, além dos autores já citados, os estudos de Connely e Clandinin (1987); Goodson (1992).

Produção dos dados e informações

Para a construção de Histórias de Vida de destacados educadores sul-rio-grandenses seguimos metodologia que vimos utilizando, usando como suporte para a produção de informações a corrente que ultrapassa a visão positivista, em que as Histórias de Vida são entendidas como um documento positivo em detrimento da reconstrução do processo de produção desse documento, desde que as Histórias de Vida são vistas como indício de um dado momento no tempo passado, deixando de se tematizar o momento presente da enunciação. O suporte teórico da metodologia que vimos empregando para essa produção ultrapassa, também, a visão interacionista, na qual o que realmente importa é a construção dual de situações no processo de produção de relatos, abstraindo da reflexão o contexto dos próprios enunciados esquecendo, portanto, de fazer emergir o contexto das relações macro – sócio-político-culturais-econômicas – que perpassa a situação de interação na qual a História de Vida adquire sentido. Nossa perspectiva comunga com uma terceira, apresentada por Santamarina e Marinas (op. cit., p. 268 e 269) como de caráter dialético, pela qual as Histórias de Vida são entendidas como inseridas em um sistema, de tal modo que, sem serem desvinculadas do momento da enunciação ou do enunciado, são tratadas como histórias de um sujeito (indivíduo ou grupo) que se constroem desde dentro dos condicionantes micro e macro-estruturais do sistema social.

As fontes que utilizamos para a construção das Histórias de Vida seguem especificação de Pujadas (1992, p.14), em especial:

a) documentos pessoais - diários, correspondência, fotografias, vídeos, matéria publicada, etc.; b) registros biográficos (obtidos pela pesquisadora por meio da pesquisa, via registro de narrativas e de documentos oficiais); c) Histórias de Vida de Relatos Cruzados, preferentemente às de relato único. No desenvolvimento da pesquisa utilizamos as quatro etapas descritas por Pujadas (op.cit., p. 14): a) etapa inicial; b) registro, transcrição e elaboração das Histórias de Vida; c) análise e interpretação; d) apresentação e publicação.

Análise dos dados e informações

Coerente com a corrente teórica que sustenta o processo de produção de informações para a construção das Histórias de Vida adotada utilizamos, no processo de interpretação, procedimentos de análise que descartam os que seriam utilizados pela corrente positivista, bem como aqueles pela corrente interacionista, quais sejam, uma visão estruturalista de análise que privilegia a saturação de um modelo que opera fundamentalmente com fonte documental, determinista, analisada à exaustão, sem interessar-se pelas peculiaridades biográficas que um trabalho de campo pode proporcionar, no primeiro caso, e aqueles que utilizam uma interpretação que supõe estar um texto dado e acabado, tratando tão somente de descobrir, por meio de uma análise em detalhe e profundidade, sentidos ocultos nesse texto, ficando a história de vida reduzida ao texto como produtor de sentidos, no segundo caso. No processo de interpretação das informações utilizamos uma concepção em que as categorias de sujeitos são entendidas como espaço de enunciação, em que os elementos pertinentes vão se desenhando na medida da relação dos relatos com seus contextos. A esse modo Santamarina e Marinas (op.cit., p. 270) chamam de "comprensión escénica" - que traduzimos por compreensão de contexto. Em livro recente, Marinas (2007) dedica um subcapítulo para desenvolver, ainda com maior profundidade, o conceito de "comprensión escénica".

Esta compreensão privilegia, ao invés da estrutura amostral de uma história segundo o sentido originário dos textos ou dos elementos de profundidade de seus sentidos ocultos, o entendimento de que a origem e o sentido profundo dos textos é algo que construímos *pari passu*, diuturnamente. Os autores supracitados enunciam o que denominamos de três planos da compreensão de contexto: o contexto vivido no passado, que comporta a totalidade de referenciais biográficos e sociais dos sujeitos entrevistados; o contexto do presente dos sujeitos, que supõe as redes de relações sociais do presente dos sujeitos, desde as que se elaboram mediante a concreta situação de entrevista, estabelecendo seu sentido para o presente; o contexto da entrevista, que supõe as formas de acordo e cooperação para a efetivação da própria narrativa - relação de escuta e transmissão em reciprocidade como condição para a reflexão. A compreensão de contexto interpreta o processo no qual os sujeitos "re-atualizam, re-elaboram o sentido, as posições ideológicas coletivas dos processos vitais" das histórias (op. cit., p. 272). Sem deixar de considerar tanto o momento da enunciação, bem como o momento do enunciado, "trata-se de interpretar as histórias nos jogos e dimensões de sua tessitura (contexto é o que está tecido com), mas também na dimensão da construção do sujeito (...) para situar as histórias de vida em seus sujeitos e processos plurais". (op.cit., p. 272). Esses autores advertem (p. 281) que o trabalho com histórias de vida em contexto exige "uma redefinição mais aberta das fases de todo o processo de investigação" e que nos "encontramos com histórias de pessoas e de grupos cujo sentido contribuímos para estabelecer, desde que, com a condição, de não se utilizar o manual ou o modelo como se fosse uma forma" (op.cit., p. 281).

Esses planos de compreensão de contexto podem ser analisados tendo em vista duas dimensões complementares: a) o desenvolvimento profissional, compreendendo, na visão de Vonk e Schras (1987), a perspectiva do desenvolvimento pessoal – que entende o desenvolvimento profissional como resultado de um crescimento individual – a perspectiva da profissionalização – que entende o desenvolvimento profissional como resultado de um processo de aquisição de competências e a perspectiva da socialização - que entende a profissionalização docente como centrada na adaptação do professor ao meio profissional em que atua e b) a construção da identidade profissional, entendida por Lessard (1986) como a relação que o professor estabelece com a profissão, com seus colegas e a construção simbólica que essa relação implica, tanto no campo pessoal como no interpessoal, com base nas representações que os professores elaboram a respeito dos aspectos da atividade docente que compreende: o capital de conhecimentos - saber fazer e saber ser - que embasam a prática docente; as condições do exercício da prática docente: de autonomia, controle e contexto de atuação; pertinência cultural e social da prática pedagógica; estatuto profissional e prestígio social da profissão docente.

Compreensões construídas fruto do trabalho conjunto de reflexão - o que se aprende com a pesquisa autobiográfica

No livro "História e Histórias de Vida - Destacados Educadores Fazem a História da Educação Rio-grandense"[8] podem ser visualizadas não só as doze Histórias de Vida, que compõem a segunda parte da obra, mas, igualmente, uma leitura transversal do material que compôs essas histórias, o qual propiciou a emergência de três dimensões - Formação, Vida Profissional, Construção de Identidade - e de dimensões que foram trabalhadas na terceira parte do livro, momento em que foi possível estabelecer relações dessas histórias com as circunstâncias sócio-político-econômico-culturais do

8. ABRAHÃO, M.H.M.B. (org.). *História e Histórias de Vida - destacados educadores fazem a história da educação rio-grandense.* Porto Alegre: EDIPUCRS, 2001a (2ªed. 2004), 279p.

contexto em que elas se inseriram/inserem[9]. Na verdade, a teorização que nos foi possível realizar com base no material empírico, à luz do aporte teórico que sustentou a procura de sentido para esse material de análise, já começou a evidenciar-se ainda em fase intermediária da pesquisa e foi se consolidando, na medida em que a análise do material de estudo foi se ampliando e aprofundando.

As Histórias de Vida, de maneira geral, deixaram perceber que os educadores selecionados, mesmo desconhecendo o referencial professor como profissional reflexivo-transformativo caracterizavam-se/caracterizam-se como intelectuais críticos, (re)pensadores de sua própria prática emoldurada por uma visão de mundo que se poderia dizer "já revolucionária", no sentido de pensar e criar condições para uma educação e um ensino humanizantes e transformadores.[10]

O olhar transversal sobre histórias de vida evidenciou elementos comuns quanto à formação dos destacados educadores, quer a formal quer a não formal; quer a inicial, quer a continuada, eivados de influência positiva do meio sócio-cultural, da família, da formação de fundo religioso, das ideias pedagógicas e filosóficas de cunho humanista, das influências auferidas nas relações interpessoais e da formação autônoma própria de cada um[11]. Essas características de formação refletiram-se/refletem-se na prática profissional desses educadores, que construíram/constroem uma trajetória de compro-

---

9. ABRAHÃO, M.H.M.B. Elementos Histórico-sociais - um olhar transversal no contexto espaço-temporal das Histórias de Vida. In: ABRAHÃO, M.H.M.B. (Org.). *História e Histórias de Vida - destacados educadores fazem a história da educação rio-grandese.* Porto Alegre: EDIPUCRS, 2001b (2ªed. 2004), p. 253-279.

10. ABRAHÃO, M.H.M.B. Histórias de vida de educadores: uma contribuição para a formação de professores reflexivos. *Educação Brasileira*, Brasília, v. 26, n. 53, p. 11-32, 2004c.

11. ABRAHÃO, M.H.M.B. A Formação do Educador nestes Tempos de Império. *Educação*, São Leopoldo, v. 7, n. 13, 2003a.

_____. Brazilian Teacher Education Revealed Through the Life Stories of Selected Great Educators. *Journal of Education for Teaching*- JET, Inglaterra, v. 28, nº 1, p. 07-16, 2002a.

missada dedicação, tanto em sala de aula, como em movimentos mais abrangentes que dizem respeito à formação e valorização do professor, no âmbito das instituições de ensino, do sistema educacional como um todo e/ou de instâncias representativas da categoria profissional. Reflete-se e é reflexo, igualmente, na (e da) construção identitária de cada educador.[12] As Histórias de Vida que construímos e publicamos no segundo livro da série[13] e na do terceiro[14], igualmente, nos permitiram trabalhar com essas categorias.

Ao detectarmos essas características, no entanto, não deixamos de ter presente que nossos destacados educadores foram/são, antes de tudo, seres humanos e, portanto, longe de se constituírem em "super-homens" e "super-mulheres"[15]. Não obstante as Histórias de Vida estejam realçando as positividades, antes do que as debilidades desses educadores, o *constructo* das respectivas histórias não perde em

12. ABRAHÃO, M.H.M.B. Le récit autobiographique – temps et dimensions de l'invention de soi. In : SOUZA, E. C. de (org). *Autobiographies, Écrits de Soi et Formation au Brésil.* Collection Histoire de Vie et Formation - Dirigée par Gaston Pineau, Paris: L'Harmattan, 2008, p. 125-146.
_____. Profissionalização docente e identidade – a invenção de si. *Educação.*Porto
_____. As narrativas de si ressignificadas pelo emprego do método autobiográfico. In: SOUZA, E. C. de & ABRAHÃO, M.H.M.B.. (Orgs.). *Tempos, narrativas e ficções: a invenção de si.* 1 ed. Porto Alegre: EDIPUCRS, 2006e, v. 1, p. 149-170.
ABRAHÃO, M.H.M.B. Profissionalização docente e identidade - narrativas na primeira pessoa. In: SOUZA, E. C. de (Org.). *Autobiografias, histórias de vida e formação: pesquisa e ensino.* 1 ed. Porto Alegre: EDIPUCRS, 2006b, v. 1, p. 189-203.
13. ABRAHÃO, M.H.M.B. (org.). *Identidade e Vida de Educadores Rio-Grandenses: Narrativas na primeira pessoa (... e em muitas outras).* Porto Alegre: EDIPUCRS, 2004a. (260 p.).
14. ABRAHÃO, M.H.M.B. (org.). *Educadores Sul-riograndenses: muita vida nas Histórias de Vida!* Porto Alegre: EDIPUCRS, 2008.304p.
15. Lembramos que a escolha intencional dos personagens seguiu critérios, sendo o mais importante o que se referia à indicação pelos pares ou por outros integrantes da comunidade escolar – pais, alunos, administradores escolares – de que este ou aquele personagem devia ser alvo de nosso estudo por caracterizar-se como um/uma "destacado educador/educadora". Esta expressão significa, nesta pesquisa, o profissional realmente identificado como EDUCADOR e que, como tal, não poderia deixar de influenciar de forma significativa seus colegas, seus gestores, seus alunos, os pais de seus alunos, a comunidade escolar de forma geral.

consistência, em virtude de que, embora não sendo infalíveis, eles foram por nós escolhidos justamente porque apresentam características muito especiais que os colocaram na lembrança das pessoas com essa feição tão positiva, "quase heróica". E foi, naturalmente, com a memória reconstrutiva das pessoas-fonte que trabalhamos.

Mais do que as Histórias de Vida individualizadas, com a inclusiva história profissional de cada um desses destacados educadores, estabelecemos, mediante leitura transversal do material de análise, relações entre a vida formativo-profissional e a construção identitária do SER EDUCADOR, bem como estabelecemos conexões entre essas histórias de vida e momentos sócio-históricos, a que eminentemente estão afetas, para uma melhor compreensão do pensamento e da prática pedagógicos, inerentes à História da Educação Rio-grandense, conforme o desiderato explicitado nos objetivos da pesquisa[16]. Utilizamos, como já explicitamos, como principais operadores as dimensões *Formação, Vida Pessoal/Profissional, Construção de Identidade*, que emergiram, juntamente com outras dimensões do próprio material de análise e urdimos uma tessitura com elementos teóricos relativos à formação de professores, à profissionalização docente e à prática docente reflexivo-transformativa.

Ao investigar com metodologia e fontes da natureza, como as que vimos trabalhando, adotamos conscientemente uma tradição em pesquisa que reconhece ser a realidade social multifacetária, complexa, socialmente construída por seres humanos que vivenciam a experiência de modo holístico e interrelacionado, em que as pessoas estão em constante processo de autoconhecimento. Por esta razão, sabemo-nos, desde o início, trabalhando antes com emoções e intuições do que com dados exatos e acabados; com subjetividades, portanto,

---

16. ABRAHÃO, M.H.M.B. Pesquisa autobiográfica: contribuição para a História da Educação e de educadores no Rio Grande do Sul. *Educação*, Santa Maria, v. 30, n. 2, p. 139-156, 2005a.

_____. Atualidades e Diversidades na Formação de Professores. In: QUADROS, Claudemir de; AZAMBUJA, Guacira de. (Org.). *Saberes e Dizeres - sobre a formação de professores na Unifra*. 1 ed. Santa Maria: Pallotti, 2003b, v. 1, p. 119-134.

antes do que com o conhecimento objetivo. Nessa tradição de pesquisa, o pesquisador não pretende estabelecer generalizações estatísticas, mas, sim, compreender o fenômeno em estudo, o que lhe pode até permitir uma generalização analítica. Nesse sentido, nossa pesquisa com destacados educadores rio-grandenses tem permitido diversos esforços de generalização analítica, em especial no que respeita às dimensões formação, profissionalização e construção identitária do professor, como pessoa e como profissional.

Essa generalização analítica obviou, entre outras possibilidades, a comparação entre a vida profissional de educadores que fizeram história da educação do Rio Grande do Sul e os ciclos de vida profissional de educadores em Huberman (1974, 1995)[17], bem como a possibilidade de enunciar a tese de que a natureza da profissão e da prática docentes comporta e apresenta elementos e dimensões analíticas universais, mediante comparação com elementos apresentados por Nóvoa (2001), fruto de estudo que este autor realizou com educadores de diversos países[18].

As narrativas permitem, dependendo do modo como nos são relatadas, universalizar as experiências vividas nas trajetórias de nossos personagens. Nessa perspectiva, Denzin (1984, p.32) nos ensina que "As pessoas comuns universalizam, através de suas vidas e de suas ações, a época histórica em que vivem". Pela leitura transversal das trajetórias de vida pessoal e profissional dos destacados educadores de nossa pesquisa pudemos apreender teorias e práticas de

17. ABRAHÃO, M.H.M.B. O Professor e o Ciclo de Vida Profissional. In: ENRICONE, D. Ser Professor. p. 9-23. Porto Alegre: EDIPUCRS, 2006c, 6ª ed.

18. ABRAHÃO, M.H.M.B. The life history approach about outstanding educators to understand universal teacher's characteristics. *Biography And Society*, Göttingen, v. 1, p. 15-21, 2005b.

_____. Teacher Education and Outstanding Educators: Universal Characteristics. *Journal of the International Society for Teacher Education*, v. 8, n. 1, p. 48-56, 2004d.

_____. Sete olhares sobre a sala de aula no 'tempo passado'- universalidade de características do pensar e do agir docente captada em histórias de vida de destacados educadores. In: ENRICONE, Délcia. (Org.). A docência na Educação Superior - sete olhares. 1 ed. Porto Alegre: Evangraf, 2006d, v. 1, p. 29-43.

formação, de ensino, de relações interpessoais e institucionais, de construção identitária - do ser educador - relacionados aos diferentes momentos e cenários sócio-político-econômico-culturais, de fins do século XIX e de todo o século XX (ABRAHÃO, 2001b).

Em uma investigação é comum extrapolarmos os objetivos, o que pode ocorrer com muito mais possibilidades ainda no seio de uma pesquisa com as características já explicitadas. Assim, a par de nos autoconhecermos melhor desde dentro das ricas interações que a pesquisa permitiu e tem permitido, o processo e os procedimentos descritos ensejam que façamos uma meta-leitura, não só de nossas vivências e experiências de formação, mas também da vivência do processo de pesquisa, quando estamos construindo Histórias de Vida de educadores.

Avançando mais nesse olhar meta-compreensivo que vimos atentamente empregando estamos teorizando sobre dimensões e elementos diretamente referentes ao modo de investigarmos com Histórias de Vida. Nossa contribuição, neste momento, significa explicitar compreensões a que a pesquisa nos permitiu para além dos objetivos específicos da investigação. Nesse sentido, o trabalhar a pesquisa nos possibilitou diferentes sínteses que permitem consolidar elementos teórico-metodológicos que fundamentam a pesquisa autobiográfica, com destaque para dimensões que tratam da *narrativa*, da *memória* e do *tempo narrado*; da *construção identitária* e *projeto de vida* (construção de si), processo ao qual a pesquisa autobiográfica contribui eminentemente (ABRAHÃO, 2004b).

Essas dimensões, que se deram a perceber na base empírica da pesquisa com Histórias de Vida de destacados educadores sul-rio-grandenses, foram compreendidas, à luz de teóricos, a saber:

a) a questão da memória na relação com a tri-dimensionalidade do tempo narrado, conforme inspiração especialmente em Ricoeur (1995; 2007), em virtude de que o caráter temporal da experiência humana, pessoal/social, é articulado pela narrativa, em especial quando clarifica a dualidade "tempo cronológico" "tempo fenomenológico". A correlação tempo e narrativa em Paul Ricoeur leva a indagar sobre a procedência da narração histórica de uma consciência histórica, em que o presente, o passado e a expectativa do futuro se imbricam numa perspectiva tridimensional. A natureza temporal tridimensional da narrativa responde por rememorarmos o passado com olhos do presente, permitindo prospectar o futuro, razão pela qual o próprio discurso narrativo não procura necessariamente obedecer a uma lógica linear e sequencial;

b) a concepção de reconstrutividade da memória, no que respeita a reconstruções e ressignificações que o sujeito que rememora faz sobre a própria trajetória, cuja narrativa está vinculada tanto ao momento da enunciação, como ao momento do enunciado, com base, em especial em Benjamin (1988) e Fraser (1990);

c) o entendimento de seletividade e reconstrutividade que compõem a natureza da memória em relação com o esquecimento, em virtude de que o ressignificar dos fatos narrados nos indica que, ao trabalharmos com memória, fazêmo-lo conscientes de que tentamos capturar o fato sabendo-o reconstruído por uma memória seletiva, intencional ou não, do sujeito que se objetiva "numa narrativa coerente que, em retrospectiva, domestica o aleatório, o casual, os efeitos perversos do real passado quando este foi presente, actuando como se, no caminho, não existissem buracos negros deixados pelo esquecimento" (CATROGA, 2001, p.46);

d) o compartilhamento da memória no ato narrativo entre narrador e ouvinte (pesquisador) mercê da construção conjunta que, nesse momento ocorre, pois trabalhar a memória no momento da narração significa estarem, narrador e ouvinte, estabelecendo um processo ativo de criação de significados (PASSERINI, 1988), com o máximo de implicação entre narrador e ouvinte, fazendo surgir narrativas autoreferentes em planos históricos ricos de significado (SANTAMARINA E MARINAS, 1994). Certamente, as narrativas são ressignificadas no momento da narração dada a natureza reconstrutiva e seletiva da memória. Já nos ensinava Passerini (1988) que trabalhar com memória não implica buscar fatos cristalizados como verdade absoluta, desde que a memória não é um repositório passivo de fatos. A verdade dos fatos narrados é o que é verdadeiro para o narrador. Assim, as trajetórias narradas proporcionam a construção de sentido de uma vida – a narração dessa trajetória não é resultante do que realmente ocorreu em termos de experiências e aprendizagens, mas é resultante da organização desses elementos como um argumento com dimensão temporal, espacial e de múltiplas relações sociais;

e) a memória "de vida compartilhada" (ABRAHÃO, 2004), evidenciada em virtude de que as pessoas-fonte, ao narrar a trajetória de outro personagem, geralmente imbricam a própria trajetória no relato;

f) a narrativa como um processo do qual todos participamos (PORTELLI, 2000) e que consiste em construção da qual também participa o investigador, desde que a narrativa autobiográfica, em razão da particularidade de seu modo de produção, "é, seguramente, a forma de máxima implicação entre quem entrevista e a pessoa entrevistada" (MOITA, op.cit. p.272). Há, pois, intima imbricação entre pesquisador e narrador no desenvolvimento de pesquisa, mas, na realidade, o narrador de sua própria trajetória é, ao mesmo tempo, sujeito e objeto de pesquisa. Por ser o narrador concomitantemente sujeito e objeto da pesquisa ele desenvolve um mais apurado conhecimento de si, num movimento constante de construção/reconstrução da identidade pessoal e profissional, a invenção de si (PINEAU; 1983; CHENÉ, 1988; JOSSO, 1988; 1991; 1999; 2002; 2006; 2008; DOMINICÉ, 1990; ABRAHÃO, 2006e; 2007; 2008b; 2009);

g) a arte de narrar constitui-se em "uma forma artesanal de comunicação" (BENJAMIN, op.cit.p.205). No entanto, as narrativas não são apenas um *constructo* individual; adquirem real significado quando situadas no contexto histórico sóciopolítico-econômico e cultural.

Na vertente do trabalho com Histórias de Vida de destacados educadores sul-rio-grandensees, vivenciamos o uso de metodologia de pesquisa que, mais do que ser mera técnica de coleta de dados e de análise de informações propicia, aos pesquisadores e aos pesquisados, outro significado, muito mais substantivo, qual seja o de ressignificar a própria história pessoal/profissional, razão pela qual o trabalho que vimos realizando, cujo cerne é a formação e a atuação docente do professor, traz à reflexão o real sentido de se trabalhar com a tradição autobiográfica, em que os pesquisadores também aprendem mais sobre si no processo, pois igualmente refletem sobre a própria história.

Outrossim, essa vivência contribuiu substantivamente não só para a formação científica dos bolsistas de IC que participaram/participa da pesquisa e dos mestrandos, doutorandos e professoras pesquisadoras, componentes do GP que estudaram/estudam as bases teórico-metodológicas da investigação com Narrativas e Histórias de Vida e as aplicaram/aplicam na prática de pesquisa, mas, especialmente, para a formação pessoal/profissional própria de cada um, enquanto sujeitos que se oportunizam a pensar, construir e reconstruir as próprias práticas inerentes à pesquisa, à docência, aos relacionamentos interpessoais, bem como à própria continuidade da construção de si, do ser educador. Acrescente-se o valor formativo de revisitar a História da Educação sul-rio-grandense, mediados pelas narrativas - memórias vivas - daqueles que a vivenciaram e ajudaram a construí-la.

E, afinal, quem foi Zilah Mattos Totta?[19]

Falar sobre essa destacada educadora está longe de ser uma tarefa fácil. A grandiosidade da pessoa - de seu caráter, de sua brilhante inteligência, de sua doação plena à causa da educação e do

19. In: ABRAHÃO, M. H. M. B.. Zilah Mattos Totta: síntese da educação e do educador. In: Maria Helena Menna Barreto Abrahão. (Org.). *História e Histórias de Vida - destacados educadores fazem a história da educação rio-grandese.* 1 ed. Porto Alegre: Edipucrs, 2001c, v. 1, p. 209-252. (2ª Ed. 2004). ABRAHÃO. M.H.M.B. Zilah Mattos Totta. IN: FÁVERO. M.L.A. & BRITTO. J.M. (orgs.) *Dicionário de Educadores no Brasil - da colônia aos dias atuais.* Rio De Janeiro: Editora UFRJ/INEP/MEC, 2002b,

educador e da riquíssima obra por ela realizada – alerta nossa consciência sobre nossa limitação para fazê-lo. Em virtude dessa realidade, a presente História de Vida que construímos[20] está aberta a novas contribuições e complementações.

A História de Vida de Zilah Mattos Totta segue a lógica das dimensões extraídas dos elementos de pesquisa e foi por nós agrupada em três eixos: formação, trajetória pessoal/profissional, construção de identidade.

Formação

A formação da Profª Zilah contém momentos de formação não-formal, formal e continuada. Foi a quarta de seis filhos, dentre quatro mulheres e dois homens.

Os primeiros estudos foram realizados em casa, com a mãe que era professora e era quem alfabetizava os filhos. Somente a par-

---

p.984-990. Homenageada pela FACED/PUCRS, a educadora empresta o nome para a Sala de Atividade Científicas e Culturais Zilah Mattos Totta.

20. Para tanto, nos utilizamos de: narrativas por pessoas-fonte, documentos, fotos, artigos em jornal, entrevista gravada em VHS concedida pela profª Zilah ao jornalista Fernando Vieira para o Programa Zoom; Biografia escrita por Carlos Urbim no livro Rio Grande do Sul – Um Século de História, com o título " A Grande Líder dos professores Gaúchos".

Agradecemos as narrativas de: Helena Totta Silveira, irmã da Profª Zilah e que, além disso, tão amavelmente nos cedeu vasto material de consulta; Leda Falcão de Freitas, fundadora do Instituto Educacional João XXIII, juntamente com a Profª Zilah; Geneci Guimarães de Oliveira que, com o marido Milton Oliveira, exerceu a Presidência do Conselho de Pais no Instituto Educacional João XXIII; Nêmora Lubisco Graeff, prima da profª Zilah e uma das fundadoras com ela do Grupo X; Liz Cintra Rolim, à época supervisora de estágio e orientadora de trabalhos de alunos no CELAR, hoje integrante de Centro de Pesquisa na USP; Zélia Maria Farenzena, professora na PUCRS, ex-aluna da Profª Zilah na universidade, na cadeira de Filosofia; Dulce Helena Cabral Hatzenberger, professora na PUCRS e ex-aluna do Colégio João XXIII. Agradecemos, igualmente, à Doutora Dulce Helena Cabral Hatzenberger, que realizou a entrevista com a profª Leda Falcão de Freitas e à Doutora Rita Tatiana Cardoso Erbs, que realizou a entrevista com a senhora Nêmora.

tir da 3ª série de ensino é que foi estudar no Colégio Sévigné, de Porto Alegre, onde se formou no Curso Complementar, em 1935, equivalente, hoje, ao ensino Normal, de nível médio.

Concomitantemente, a Profª Zilah começou a estudar piano com a mãe, em virtude de ela também ser professora de música. Depois, foi aluna de piano da Profª. Célia Lassance. Formou-se, em 1939, em Música, no Instituto de Belas Artes, da Universidade Federal do Rio Grande do Sul – UFRGS.

Em 1940, concluiu o Curso Superior de Educação Física na Escola Superior de Educação Física da UFRGS - ESEF, tendo sido aluna da 1ª turma de formandos da ESEF e, em 1946, concluiu o Curso de Filosofia na Pontifícia Universidade Católica do Rio Grande do Sul – PUCRS, ostentando, em seu currículo, três diplomas de curso universitário.

Como referências em sua formação, nessa época, cita a influência que recebeu do Dr. Armando Câmara, do Dr. Ernani Maria Fiori e do Ir. José Otão, educadores de quem foi aluna.[21]

Segundo Helena Totta Silveira, irmã da Profª Zilah, desde cedo, ela sempre foi muito religiosa. Participou da Juventude Feminina Católica, da Ação Católica, da qual foi presidente arquidiocesana. Viajava para fazer as reuniões no interior, nas paróquias. Percorreu o Estado em missão apostólica, desenvolvendo esse trabalho que, para ela, foi muito educativo. Participou de diversos Congressos Eucarísticos, foi oradora em vários deles e depois trabalhou muito com Dom Cláudio Colling, na Cúria, naquele tempo em que Dom Cláudio era assistente eclesiástico. Ela teve um círculo muito grande de relações através da Ação Católica.

Começar a lecionar no interior, em uma colônia alemã, foi uma experiência para ela riquíssima, pois era ainda muito jovem. As famílias e os alunos só falavam em Língua Alemã. Havia um inter-

21. Todas as narrativas atribuídas à profª Zilah, quando não indicada outra fonte, são extraídas de entrevista, gravada em fita VHS, por ela concedida, em 1992, aos 75 anos de idade, ao jornalista Fernando Vieira, para o programa ZOOM, de televisão.

câmbio. Ela lhes ensinava a Língua Portuguesa e eles lhe ensinavam a falar a Língua Alemã.

Realizou muitas viagens de estudo e para participar em congressos, o que foi elemento de sua formação continuada. Esteve em países da América Latina, da América do Norte, da Europa, da Ásia e da África.

Trajetória pessoal/profissional

Professora Zilah nasceu em Porto Alegre, em 30 de outubro de 1917 e faleceu na mesma cidade, em 21 de dezembro de 1997, aos 80 anos de idade. Jaz no Cemitério da Santa Casa de Misericórdia. *Eu acreditei* – seu lema – está gravado na lápide de seu túmulo.

Segundo narrativas de sua irmã e de amigas, colegas e alunas, foi uma pessoa muito feliz e inteiramente dedicada ao magistério, profissão pela qual era apaixonada. Sua maior satisfação era estar com os alunos, em sala de aula. Foi, igualmente, excelente administradora que trazia inovações e as implantava nas escolas que dirigia. Uma profissional à frente de seu tempo.

Estudiosa, Zilah Totta introduziu, no âmbito escolar do Estado do Rio Grande do Sul, as ideias de Paulo Freire, por influência de Ernani Maria Fiori, que foi seu professor no curso de Filosofia.

Iniciou o magistério em 1939, como professora primária de classe multisseriada, onde ensinava, concomitantemente, a alunos de 4ª e de 5ª séries daquele nível de ensino, em escola rural de Harmonia, localidade de colonização alemã, jurisdicionada ao município de Montenegro. Para lá chegar, deslocava-se utilizando transporte de ônibus até São Sebastião do Caí, de lá prosseguia de caíque para atravessar o rio Caí e, finalmente, num percurso de uma hora, a cavalo, para chegar à escola. Esse foi, segundo a própria narrativa, um período em que auferiu uma grande experiência, ponto que destaca como da mais alta importância em sua carreira. Chega a afirmar que todo o professor deve enfrentar uma realidade nova, especialmente em início da carreira docente, como elemento imprescindível de formação. Conta que pela manhã ensinava na escola e à tarde ia com os alunos para as lides na roça para vivenciar a vida deles. Nessa comunidade só se falava o Alemão. Como já registrado, em decorrência das relações interpessoais entre a Profª Zilah e as pessoas da comunidade, eles lhe ensinavam a língua que praticavam e ela lhes ensinava nossa língua pátria. Na localidade não havia hotel. Nessa época morou na casa da família do Assistente Eclesiástico da Cúria de Porto Alegre, com quem trabalhara na Ação Católica e que, posteriormente, viria a ser Arcebispo de Porto Alegre, Dom Cláudio Colling.

De 1941 a 1942, a profª Zilah foi professora de Educação Física no Grupo Escolar Visconde de São Leopoldo, em São Leopoldo.

De 1943 a 1946 foi professora no Grupo Escolar Venezuela, em Porto Alegre.

De 1947 a 1956 lecionou Filosofia no Colégio Júlio de Castilhos, em Porto Alegre. O "Julinho" era, à época, o colégio-padrão do estado. Ela narra que, quando foi tomar posse, o diretor perguntou que disciplina ela iria lecionar. Quando ela disse que lecionava Filosofia, o então diretor, Dr. Abílio Azambuja olhou-a de "cima a baixo", numa alusão não-verbal à sua baixa estatura e ar de juventude e exclamou "**a senhora**?[22]", ao que ela respondeu: "por incrível que pareça, Dr. Abílio". No Júlio de Castilhos ela lecionou adultos no turno da noite, de onde saía às 23 horas. Ao jornalista ela faz uma referência ao desafio de prender a atenção do aluno para o estudo de Filosofia àquela hora.

De 1947 a 1962 lecionou Filosofia no Colégio Sévigné, em Porto Alegre.

Daquela data, até 1981, foi professora de Filosofia na Faculdade de Serviço Social da PUCRS, também nessa capital.

---

22. O negrito representa entonação mais forte da voz da narradora, significando ênfase na narrativa.

De 1969 a 1981 foi professora de Filosofia da Cultura, na Faculdade de Filosofia da UFRGS, e de História da Filosofia e de Filosofia da Educação, na Faculdade de Educação da PUCRS.

As atividades de administração em educação tiveram início quando a profª Zilah já auferira sólida experiência docente, tanto no ensino primário, como no ensino médio e no ensino superior.

Profª Zilah Mattos Totta foi diretora do Grupo Escolar Paula Soares, em Porto Alegre, de 1956 a 1962. Também em 1956 foi fundadora do Colégio Estadual Pio XII, sediado junto ao Grupo Escolar Paula Soares. No Pio XII, onde trabalhou até 1962, criou a Classe Experimental no Ensino Secundário.

Em 1963 foi Secretária de Educação e Cultura do Estado do Rio Grande do Sul, cargo em que permaneceu por menos de um ano. Foi afastada desse cargo por pressão de políticos, desde que ela não admitia interferência de ordem político-partidária na pasta que dirigia.

Em 1964, a professora Zilah fundou, com mais três educadores – Lilia Rodrigues Alves, Leda Falcão de Freitas e Frederico Lamachia Filho – o Instituto Educacional João XXIII, escola modelar, em Porto Alegre, tendo integrado o Colegiado de Direção daquela escola, até 1973.

Acreditava em uma educação alicerçada em quatro pilares que, segundo a narrativa da profª Leda, uma das fundadoras do João XXIII, a professora Zilah adotou como elementos basilares da educação para nortear o trabalho na escola, a saber: liberdade, solidariedade, trabalho, responsabilidade. No *Correio do Povo*, de 24 de dezembro de 1997, a Direção do Colégio João XXIII publica uma "Homenagem da Comunidade do Colégio João XXIII" pelo passamento da profª Zilah, na qual podemos perceber que essas quatro dimensões eram a expressão da coerência entre teoria e prática que caracterizavam a homenageada. Diz a matéria: "*Liberdade, solidariedade, trabalho, responsabilidade, conceitos básicos em que se fundamenta o Colégio João XXIII, não foram simples palavras na vida de Zilah Totta, foram a sua própria vida*".

Profª Zilah foi membro do Conselho Administrativo da Fundação Padre Landell de Moura – FEPLAM, de rádio e televisão educativa, desde a fundação, no ano de 1996, vindo a integrar o Conselho Diretor dessa instituição.

Em 1973 fundou e dirigiu o Centro de Estudos de Lazer e Recreação – CELAR, da PUCRS.

A partir de 1976 foi Assessora Técnica da Confederação de Professores do Brasil. Nessa qualidade, coordenou congressos nacionais, encontros, simpósios, seminários estaduais, bem como proferiu conferências, palestras e integrou painéis como debatedora.

De 1978 até 1980 foi Coordenadora da Comissão de Educação do Centro de Professores do Estado do Rio Grande do Sul - CEPERS.

Em 1980 foi indicada pela Confederação de Professores do Brasil para a Coordenação Geral do Projeto de Capacitação de Recursos Humanos, que se desenvolvia em todos os estados brasileiros, denominado, a partir de 1983, de Projeto Professora Thereza Noronha, em homenagem póstuma àquela educadora que foi a idealizadora do projeto.

De 24 de abril de 1981 a 24 de abril de 1984 foi presidente do CEPERS, órgão de classe do qual foi fundadora. Na qualidade de presidente desse organismo da classe do Magistério, profª Zilah comandou duas graves, as maiores que o professorado já deflagrou; antes, tinha sido do comando de greve das duas primeiras realizadas pelo Magistério, no estado. Comentando sobre a greve, a profª diz: "*A greve não é o único recurso, é o último para o professor se fazer ouvir*". Durante a gestão da profª Zilah na presidência do CEPERS, entre outras conquistas, o Magistério ganhou a possibilidade de aposentadoria aos 25 anos e um piso salarial para cálculo dos salários para os diferentes níveis da carreira. Na presidência dessa entidade contribuiu para a maior participação dos professores no órgão de classe, através da interiorização por meio da criação de núcleos do CEPERS, no interior do estado. É reconhecida a combatividade da profª. Zilah no que se refere à valorização do Magistério pelos governantes e pela sociedade em geral.

Em 1986 foi eleita pelo Conselho Geral do CEPERS para representar a entidade no Conselho Estadual de Educação do Rio Grande do Sul - CEEd, para o qual foi nomeada como Conselheira pelo Governo do Estado, conforme ato constante no Boletim nº 256, publicado no Diário Oficial do Estado no dia 27 de maio de 1986.

Ao assumir essa nova função de sua vida pública, ela destaca a importância da participação de um membro do Magistério no Conselho. "*Esta participação é uma forma de levar a voz e o voto dos professores para as grandes decisões que envolvem o sistema educacional do Estado*" e, na mesma ocasião, salienta que "*o fato de o CEPERS manter um representante junto ao CEEd é significativo, considerando--se os princípios democráticos que alicerçam a entidade de classe. Nessa trajetória, o CEPERS vem procurando desenvolver a consciência crítica em seus associados como profissionais da educação, dos quais não se usurpam direitos e se espera, se exige, competência*".[23]

Profª Zilah, por todo o mérito de seu trabalho e de seu valor pessoal recebeu incontáveis homenagens públicas, tanto em vida, como póstumas. Dessas, destacam-se:

1977 - Título de Educador Emérito, concedido pelo Governo do Estado do Rio Grande do Sul; 1983 - Professora Emérita, pelo pioneirismo, homenagem da Associação de Diplomados Universitários do Rio Grande do Sul e da Associação dos Técnicos em Educação do Rio Grande do Sul; 1985 - Título de Professor Emérito, outorgado pela Pontifícia Universidade Católica do Rio Grande do Sul - PUCRS; 1987 - Medalha do Mérito Educacional, outorgada pela Prefeitura Municipal de Porto Alegre; 1988 - Título Cidadã Destaque de 1988, conferido pela Associação Portoalegrense de Cidadãs; 1991 - Medalha Cidade de Porto Alegre, conferida pela Prefeitura de Porto Alegre, por relevantes serviços prestados à co-

23. Discurso de posse como Conselheira do CEEd.

munidade; 1994 – Prêmio de Educação Thereza Noronha, concedido pela Câmara Municipal de Porto Alegre; 1998 – Criação em Santa Maria, Rio Grande do Sul, do Centro Estadual de Ensino Supletivo "Professora Zilah Mattos Totta", pelo Decreto do Governo do Estado do Rio Grande do Sul nº 38.196, de 17 de fevereiro de 1998; 2000 – é conferida à Rua "9" do Bairro Protásio Alves, em Porto Alegre, a denominação de Rua Professora Zilah Totta. A cerimônia de descerramento da placa indicativa ocorreu no dia 21 de outubro de 2000.

O reconhecimento de entidades públicas não foi a única forma de reconhecimento auferido pela profª Zilah. Dado seu temperamento alegre e comunicativo, a sinceridade com que pautava suas relações, tanto no âmbito de trabalho, como em sua vida particular, sua competência e empenho em tudo o que realizava, sua brilhante inteligência foi, sempre, estimada, respeitada e considerada por todos os que com ela conviveram e que lhe demonstravam, objetivamente, esses sentimentos[24].

Construção de identidade

Essas características, todas, significam elementos observáveis da identidade de educadora apaixonada e coerente que professora Zilah soube construir e que a constituíram como pessoa e como profissional. Acreditamos que para essa construção influenciaram sobremaneira a mãe, também ela uma educadora, o pai e as irmãs.

A influência dos estudos no Sévigné - uma escola formadora de professoras - desde a 3ª série do Primário até o término do Curso Complementar, certamente também se fez presente como importante ingrediente nessa formação identitária pessoal e profissional. Dessa época conta a formação do Grupo X, de colegas e amigas que

24. Isto fica fortemente evidenciado nas narrativas de familiares, amigos, colegas e alunos. Fica, igualmente, evidenciado em excertos de narrativas e documentos.

cursaram juntas os estudos e continuam se encontrando e mantendo a amizade por mais de 50 anos. Em adição, as três Licenciaturas que cursou e as oportunidades de formação continuada de que usufruiu, também foram aspectos construtores de identidade, especialmente pelas oportunidades de convivência com mestres da estirpe do Dr. Armando Câmara, Dr. Ernani Maria Fiori e Ir. José Otão, na formação acadêmica, como ela própria declara, mas também nas oportunidades de contatos na ordem do informal, com Paulo Freire, de quem foi amiga, conforme consta em registros. A prática religiosa, igualmente, contribuiu nesse sentido. Da mesma forma, teve o apoio e a influência de amigos e amigas.

A vida da professora Zilah Totta não se resumiu somente ao trabalho, muito embora haja a presença constante e marcante dessa instância em todos os momentos de sua História de Vida, como podemos perceber pelo até então exposto. Sua vida afetiva é plena de significado, afetividade, essa que extrapolava para o ambiente de trabalho, para o trato com alunos, colegas e pais, mediante uma atuação plena da amorosidade. Professora Zilah, de conformidade com as narrativas da irmã e de toda a sorte de pessoas que com ela conviveram, trabalharam e estudaram, foi um ser que amava a vida, uma pessoa alegre e muito feliz. Sua vida pessoal, assim como a profissional, foi eivada de convivência carinhosa e alegre.

O que mais dizer sobre essa destacada educadora? Tudo o que dissermos certamente longe estará de representar toda a riqueza de sua vida, todo o brilhantismo de seu pensamento, toda a coerência de sua ação.[25] A História de Vida da professora Zilah Totta é o va-

---

25. Na publicação ABRAHÃO, M. H. M. B.. Zilah Mattos Totta: síntese da educação e do educador. In: Maria Helena Menna Barreto Abrahão. (Org.). *História e Histórias de Vida - destacados educadores fazem a história da educação rio-grandese.* 1 ed. Porto Alegre: Edipucrs, 2001c, v. 1, p. 209-252. 2ª Ed. 2004 há excertos do pensamento da profª Zilah sobre a sociedade, no momento (1992), as implicações para a educação, a atuação dos professores, aprendizagem e avaliação, a valorização do magistério, verdade, liberdade, Filosofia, construção do conhecimento, dentre outros aspectos, para que fique registrado como uma forma de resguardar seu pensamento, do modo como ela se expressava, para a posteridade.

lioso legado para todo o cidadão, todo o educador e, em especial, para todo o professor que se encontra em formação. É uma das páginas mais ricas da História da Educação sul-rio-grandense. Resta-nos parafrasear os dizeres da faixa sempre colocada nas assembleias da categoria e que resume o sentimento dos professores do Estado do Rio Grande do Sul: "ZILAH, OBRIGADO POR EXISTIRES E SERES QUEM TU ÉS".

Fontes

CASTILLO, L. Zilah Totta. Apenas e tudo isso. *Zero Hora*. Porto Alegre: 4/5/1984.

DIREÇÃO DO COLÉGIO JOÃO XXIII. Homenagem da Comunidade do Colégio João XXIII à Professora Zilah Totta. *Correio do Povo*. Porto Alegre: 24/12/1997.

Gente. *Zero Hora*. Porto Alegre: 10/07/1972.

GROSSI, E. P. Zilah Totta – uma professora. *Zero Hora*. Porto Alegre: 22/12/1997.

OBITUÁRIO. Magistério gaúcho perde sua grande líder. *Zero Hora*. Porto Alegre: 22/12/1997.

TOTTA, Z. M. Entrevista ao jornalista Fernando Vieira. *Programa Zoom*. Poro Alegre. 1992.

_____. Curriculum Vitae. (dat).

_____. *Queridas Afilhadas...Minhas Amigas*. Discurso como Paraninfa. Colégio Sévigné. Porto Alegre: 1960 (dat).

URBIM, C. A grande líder dos professores gaúchos. In: URBIM, C. (coord.). *Rio Grande do Sul, um Século de História. (424-425).* Porto Alegre: Mercado Aberto, 1999.

NARRATIVAS de: Helena Totta Silveira; Leda Falcão de Freitas; Geneci Guimarães de Oliveira; Nêmora Lubisco Graeff; Liz Cintra Rolim, Zélia Maria Farenzena, Dulce Helena Cabral Hatzenberger.

Referências bibliográficas

ABRAHÃO, M.H.M.B. (org.). *História e Histórias de Vida – Destacados Educadores Fazem a História da Educação Rio-grandense.* Porto Alegre: EDIPUCRS, 2001a; (2ª ed. 2004), (279 p);

ABRAHÃO, M.H.M.B. Elementos Histórico-sociais - um olhar transversal no contexto espaço-temporal das Histórias de Vida. In: ABRAHÃO, M.H.M.B. (Org.). *História e Histórias de Vida - destacados educadores fazem a história da educação rio-grandese.* Porto Alegre: EDIPUCRS, 2001b; (2ª ed. 2004), p. 253-279.

_____. Zilah Mattos Totta: síntese da educação e do educador. In: Maria Helena Menna Barreto Abrahão. (Org.). *História e Histórias de Vida - destacados educadores fazem a história da educação rio-grandese.* 1 ed. Porto Alegre: Edipucrs, 2001c, v. 1, p. 209-252. (2ª ed. 2004).

_____. Brazilian Teacher Education Revealed Through the Life Stories of Selected Great Educators. *Journal of Education for Teaching*-JET, Inglaterra, v. 28, nº 1, p. 07-16, 2002a.

_____. Zilah Mattos Totta. IN: FÁVERO. M.L. A. & BRITTO. J.M. (orgs.) *Dicionário de Educadores no Brasil – da colônia aos dias atuais.* Rio De Janeiro: Editora UFRJ/INEP/MEC, 2002b, p. 984-990.

_____.A Formação do Educador nestes Tempos de Império. *Educação*, São Leopoldo, v. 7, nº 13, 2003a.

_____. Atualidades e Diversidades na Formação de Professores. In: Claudemir de Quadros; Guacira de Azambuja. (Org.). *Saberes e Dizeres - sobre a formação de professores na Unifra.* 1 ed. Santa Maria: Pallotti, 2003b, v. 1, p. 119-134.

ABRAHÃO, M.H.M.B. (org.). *Identidade e Vida de Educadores Rio-Grandenses: Narrativas na primeira pessoa (...e em muitas outras).* Porto Alegre: EDIPUCRS, 2004a. (260 p.).

_____. .*A Aventura (Auto) Biográfica – Teoria & Empiria.* Porto Alegre: EDIPUCRS, 2004b. (599 p.)

ABRAHÃO, M.H.M.B. Histórias de vida de educadores: uma contribuição para a formação de professores reflexivos. *Educação Brasileira*, Brasília, v. 26, nº 53, p. 11-32, 2004c.

_____. Teacher Education and Outstanding Educators: Universal Characteristics. *Journal of the International Society for Teacher Education*, v. 8, nº 1, p. 48-56, 2004d.

_____. Pesquisa autobiográfica: contribuição para a História da Educação e de educadores no Rio Grande do Sul. *Educação*, Santa Maria, v. 30, nº 2, p. 139-156, 2005a.

_____. The life history approach about outstanding educators to understand universial teacher's characteristics. *Biography And Society*, Göttingen, v. 1, p. 15-21, 2005b.

SOUZA, E. C. de. & ABRAHÃO, M.H.M.B. (orgs.). *Tempos, narrativas e ficções: a invenção de si. Porto* Alegre/Salvador: EDIPUCRS/EDUNEB, 2006a. (357p).

ABRAHÃO, M.H.M.B. Profissionalização docente e identidade - narrativas na primeira pessoa. In: SOUZA, E. C. de (Org.). *Autobiografias, histórias de vida e formação: pesquisa e ensino.* 1 ed. Porto Alegre: EDIPUCRS, 2006b, v. 1, p. 189-203.

_____. O Professor e o Ciclo de Vida Profissional. In: ENRICONE, D. *Ser Professor.*6ª ed. Porto Alegre: EDIPUCRS, 2006c, p. 9-23.

_____. Sete olhares sobre a sala de aula no 'tempo passado'- universalidade de características do pensar e do agir docente captada em histórias de vida de destacados educadores. In: Délcia Enricone. (Org.). *A docência na Educação Superior - sete olhares.* 1 ed. Porto Alegre: Evangraf, 2006d, p. 29-43.

_____. As narrativas de si ressignificadas pelo emprego do método autobiográfico. In: SOUZA, E. C. de & ABRAHÃO, M.H.M.B. (Orgs.). *Tempos, narrativas e ficções: a invenção de si.* 1ª ed. Porto Alegre: EDIPUCRS, 2006e, p. 149-170.

_____. Profissionalização docente e identidade – a invenção de si. *Educação.* Porto Alegre/RS, ano XXX, nº especial, p.163-185, out. 2007.

ABRAHÃO, M.H.M.B. (org.). *Educadores Sul-riograndenses: muita vida nas Histórias de Vida!* Porto Alegre: EDIPUCRS, 2008a (304 p).

_____. Le récit autobiographique – temps et dimensions de l'invention de soi. In : SOUZA, E. C. de (org). *Autobiographies, Écrits de Soi et Formation au Brésil.* Collection Histoire de Vie et Formation - Dirigée par Gaston Pineau, Paris: L'Harmattan, 2008b, p. 125-146.

_____. O método autobiográfico como produtor de sentidos : a invrenção de si. *Actualidades Pedagógicas*, Bogotá D. C., Colombia, nº. 54, p. 13-28, julio-diciembre, 2009,

BARTHES, R. *Elementos de semiología.* Madrid: Comunicación, 1970.

BENJAMIN, W. *El narrador*. Madrid: Taurus, 1988.

BERTAUX, D. La perspectiva biográfica: validez metodológica y potencialidades. In: In MARINAS, J. M. e SANTAMARINA, C. *La historia oral: métodos y experiencias*. Madrid: Debate, 1993.

BOLÍVAR, A. et al. La investigación biográfico-narrativa em educación: enfoque e metodologia. Madrid: La Muralla, S. A, 2001.

BOURDIEU, P. *Qué significa hablar? Economia de los intercambios linguísticos*. Madrid: Akal, 1985.

CATROGA, F. Memória e História. IN: PESAVENTO, S. J. (org.). *Fronteiras do Milênio*. Porto Alegre: Editora da Universidade/ UFRGS, 2001.

CHENÉ, Adele. Narrativa de formação e formação de formadores. In.: NÓVOA, António e FINGER, Mathias. *O método (auto)biográfico e a formação*. Lisboa: MS/DRHS/CFAP, 1988.

CIAMPA, A. Da Costa. *A estória de Severino e a História de Severina*. São Paulo: Brasiliense, 2001.

CONNELY, F. M. e CLANDININ, D. J. On narrative method, biography and narrative unities in the study of teaching. *Journal of Educational Thought*, v. 21, nº 3, p. 346-361, 1987.

COHN, M. e KOTTKAMP, R. *Teachers: the missing voice in education*. Albany: State University Press, 1992.

DENZIN, N. K. Interpretando a vida de pessoas comuns: Sartre, Heidegger e Faulkner. *Dados*, vol.27, nº 1, 1984.

DEROUET, J.L. La profession d'enseignant comme montage composite. *Éducation Permanente*, n. 96, p. 61-71, 1988.

DOMINICÉ, Pierre. *L´histoire de vie comme processus de formation*. Paris: Éditions L´Harmattan, 1990.

FABRA, Maria Luïsa; DOMÈNECH, Miguel. *Hablar e escuchar – relatos de profesor@s y estudiant@s*. Barcelona: Paidós, 2000.

FOLGUERA, P. *Objeto y método de la historia oral*. Madrid: Comunidad de Madrid, 1987.

FRASER, R. La formación del entrevistador. *Historia y fuente oral*. nº 3, p. 129-150, 1990.

GARCÍA NIETO, C., VÁZQUES, M. e VILANOVA, M. Historia, fuente y archivo oral. *Actas*. Madrid: Ministerio de Cultura, 1990.

GOODSON, I. *Studying teachers' lives*. London: Routledge, 1992.

GRELE, R. J. La historia y sus lenguajes en la entrevista de historia oral: quién contesta a las preguntas de quién y por qué. *Historia y fuente oral*. nº 5, p.105-127, 1990.

HALBWACHS. M.*es cadres sociaux de la mémoire*. Paris: Mouton, 1976.

_____. *A memória coletiva*. São Paulo: Vértice, 1990.

HALL, S. Introduction: Who needs identity. In: HALL, S. & DU GAY, P. (eds.) *Questions of cultural identity*. London: Sage, 1996, p.1-17.

HUBERMAN, M. *Cycle de vie et formation*. Vevey: Delta, 1974.

_____.O Ciclo de Vida Profissional dos Professores. In: NÓVOA, A. *Vidas de Professores*. Porto: Porto Editora, 1995.

JOSSO, Marie-Christine. Da formação do sujeito... ao sujeito da formação. In.: NÓVOA, António e FINGER, Mathias. *O método (auto) biográfico e a formação*. Lisboa: MS/DRHS/CFAP, p. 37-50, 1988.

_____. *Cheminer Vers Soi*. Lausanne: L'Age D'Homme, 1991.

_____. História de Vida e projeto: a história de vida como projeto e as histórias de vida a serviço de projetos. In.: *Educação e Pesquisa*, São Paulo, v. 25, n. 2, p. 11-24, jul./dez. 1999.

_____. *Experiências de vida e formação*. Lisboa: EDUCA, 2002.

_____. Os relatos de histórias de vida como desvelamento dos desafios existenciais da formação e do conhecimento: destinos sócio-culturais e projetos de vida programados na invenção de si. In: SOUZA, E. C. de; ABRAHÃO, M. H. M. B. (Orgs.). *Tempos, narrativas e ficções: a invenção de si*. Porto Alegre/Salvador: EDIPUCRS/EDUNEB, 2006, p. 21-40.

_____. A realização do ser humano como processo de transformação da consciência: ensinar, acompanhar e aprender – um mesmo desafio para uma vida em ligação. In: TRAVERSINI, C. *Trajetórias e processos de ensinar e aprender: práticas e didáticas*. Porto Alegre: EDIPUCRS, 2008, p.17-58.

JOVCHELOVITCH, S. & BAUER, M. W. A Entrevista Narrativa. In: BAUER, M. W. & GASKELL, G. *Pesquisa Qualitativa com texto Imagem e Som – um manual prático*. Petrópolis: Vozes, 2002, p. 90-113.

LARROSA, J. et al. *Déjame que te Cuente: Ensayos sobre narrativa y educación*. Barcelona: Laertes, S.A. Ediciones, 1995.

LARROSA, J. *Pedagogia Profana: danças, piruetas e mascaradas*. Belo Horizonte: Autêntica, 1999.

LE GOFF, J. *História e Memória*. São Paulo: Martins Fontes, 1995.

LESSARD, C. La profession enseignante: multiplicité des identités professionnelles et culture commune. *Repères - Essais en Éducation*, nº 8, p. 135-190, 1986.

MC EWAN, Hunter; EGAN, Kieran (org). *La narrativa en la ensenãnza, al aprendizaje y la investigación*. Buenos Aires: Amorrortu Editores A. A., 1995.

MARINAS, J. M. *La escucha en la historia oral. Palabra dada*. Madrid: Editorial Sintesis, 2007.

MOITA, M. C. Percursos de Formação e de Trans-Formação. In NÓVOA, A. *Vidas de Professores*. Porto: Porto Editora, 1995.

NÓVOA, A. Prefácio. In: ABRAHÃO, M.H.M.B. (org.). *História e Histórias de Vida – Destacados Educadores Fazem a História da Educação Rio-grandense*. Porto Alegre: EDIPUCRS, 2001, (2004, 2ª ed.) (279 p)

_____. *Vidas de Professores*. Porto: Porto Editora, 1995.

PASSERINI, L. *Per una critica storica dell'oralità*. Firenze: La Nuova Italia, 1988.

PINEAU, Gaston. Germination des histoires de vie en formation de formateurs. *Éducation-Formation*, 217-218, p. 69-78, 1990.

_____. As histórias de vida como artes formadoras da existência. IN: SOUZA, E. C. de; ABRAHÃO, M. H. M. B. (Orgs.). *Tempos, narrativas e ficções: a invenção de si*. Porto Alegre/Salvador: EDIPUCRS/EDUNEB, 2006, p. 41-60.

PORTELLI, A.Memória e Diálogo: desafios da História Oral para a ideologia do século XXI. In: FERREIRA, M. de M. (org.). *Histórial Oral: desafios para o século XXI*. Rio de Janeiro: Fiocruz/FGV, 2000.

PUJADAS, J.J. *Método biográfico: el uso de las historias de vida en ciencias sociales*. Madrid: Centro de Investigaciones Sociológicas - CIS, 1992.

_____. *Educación Social*. Madrid: Narcea, 1994.

RICOEUR. P. *Tempo e Narrativa*. São Paulo: Papirus, 1995. Tomo II

_____. *A memória, a história, o esquecimento*. Campinas, São Paulo: Editora da UNICAMP, 2007.

SANTAMARINA, C. e MARINAS, J. M. Historias de vida y historia oral. In DELGADO, J. M. e GUTIÉRRES, J. *Métodos y técnicas cualitativas de investigación en ciencias sociales*. Madrid: Síntesis, 1994.

SARABIA, B. Documentos Personales: historias de vida. In GARCÍA FERRANDO, M. IBÁÑES, J. e ALVIRA, F. *El análisis de la ralidad social. Métodos y técnicas de investigación social.* Madrid: Alianza, 1986.

SHULMAN, J.H. e COLBERT, J. A. Cases as catalysts for cases: inducing reflection in teacher education. *Action in Teacher Education.* XI (I), 1989, p. 44-52.

THOMPSON, P. *La voz del pasado. Historia oral.* Valencia: Alfons el Magnànim. 1988.

_____. Historias de vida en el análisis del cambio social. In MARINAS, J. M. e SANTAMARINA, C. *La historia oral: métodos y experiencias.* Madrid: Debate, 1993.

VONK, H. e SCHRAS, G. From Beginning to Experienced Teacher: a study of the professional development of teachers during their first years of service. *European Journal of Teacher Education*, nº 10, p. 95--110, 1987.

Documentos efêmeros: Histórias de aprendizagem e exercício da escrita de si

Ana Chrystina Venancio Mignot

Recomendados, autorizados e adotados pela escola, os cadernos escolares se constituem em *"documentos efêmeros"*, uma vez que são *"criados para não serem conservados, o que explica que a grande maioria se tenha perdido"* porque, segundo José Angel Arias Carrascosa e Ignácio Garnacho Gómez,[1] tanto os seus autores desconheciam a sua importância para a compreensão de tempos pretéritos, como também são alvo do desprezo dos pesquisadores e das instituições encarregadas de conservar a memória, análise que pode ser estendida ao nosso país, pois padecemos da ausência de uma política de preservação da memória escolar.

Desde o início da última década do século passado, alguns historiadores e historiadores da educação observaram, na França e na Itália, que trabalhar com a escrita infantil e juvenil numa perspectiva histórica, em períodos mais remotos, é extremamente difícil, pois a documentação é rara e, talvez, não haja outro campo da história com uma taxa de conservação de documentos tão baixa quanto esta. Dominique Julia[2] lembra, no entanto, que o acesso a tais produções se dá indiretamente por intermédio da literatura autobiográfica, que

1. Ver ARIAS CARRASCOSA, Miguel Angel e GARNACHO GÓMEZ, Ignácio. "Los cuadernos escolares". In. SIERRA BLAS, Verônica, MARTINEZ, Laura e MONTEAGUDO, José Ignácio (orgs). *Esos papeles tan llenos de vida... materiales para el estudio y edición de documentos personales.* Girona, CCG Ediciones, 2009, p. 59.

2. JULIA, Dominique. Documenti della scrittura infantile in Francia. In ANTONELLI, Quinto e BECCHI, Egle (a cura di). *Scritture bambine. Testi infantili tra passato e presente.* Roma-Bar, Laterza. 1995, p. 5-24.

sabemos rica de detalhes sobre a infância, a família e a escola, além de programas de ensino e regulamentos escolares. Corroborando esta preocupação com a parca preservação desta documentação, Quinto Antonelli e Egle Becchi[3] na apresentação de *La scritture bambine*, constatam, por sua vez, que até o início da década de 80 do século passado, documentos produzidos pela pena infantil eram pouco dignos de estudo revelando, assim, o pouco interesse pela cultura não adulta.

Uma observação de Rogério Fernandes[4] ajuda a entender a precária preservação deste documento da vida escolar: eles se disseminaram apenas no início do século XX, em função da ampliação do atendimento à demanda escolar e, sobretudo, em decorrência de uma visão individualizada da criança e do processo ensino-aprendizagem. Poderíamos dizer que, no caso brasileiro, a ausência dos cadernos escolares decorreu também do elevado preço do papel e da inexistente política de distribuição de material escolar que atingiu, sobretudo, os alunos provenientes das camadas populares, como revela uma professora catarinense, filha de uma lavadeira e de um pedreiro, que estudou em escola pública catarinense, na década de 1950, indicando que nem sempre eles acompanharam a trajetória escolar: *"Com a minha saia desbotada; falta de livros e de cadernos para escrever fui longe. Não parecia fácil estudar. (...) A escola não era viável para negro pobre, principalmente"*.[5]

Para Antonio Viñao, a recente preocupação com a análise dos cadernos escolares emerge da necessidade de conhecer a infância de um modo diferente do usual. Não se trata mais de uma aproximação *"a partir dos documentos sobre as crianças produzidos pelos adultos, como veio sendo habitual, ou do que o adulto disse ou mostrou sobre a*

3. ANTONELLI, Quinto e BECHI, Egle (a cura di). *Scritture bambine. Testi infantili tra passato e presente.* Roma-Bar: Laterza, 1995.

4. FERNANDES, Rogério. Um marco no território da criança: o caderno escolar. In MIGNOT, Ana Chrystina Venancio (org). *Cadernos à vista: escola, memória e cultura escrita.* Rio de Janeiro: EdUERJ, 2008, p. 49-68.

5. SILVEIRA, Maria Helena Vargas. *As filhas de lavadeiras.* Porto Alegre: Grupo Cultural Maria Ginga, 2002.

criança que foi, senão dos documentos escritos (cartas, diários, cadernos e exercícios escolares, etc.) ou icônicos (desenhos) produzidos pelas próprias crianças tendo em conta, obviamente, o caráter disciplinado, controlado e condicionado pelos adultos que ditos documentos costumam possuir". Assinala ainda: *"o meio escolar é sem dúvida um espaço incentivador que propicia a escrita infantil, em especial a partir do século XIX, e o caderno escolar um documento que pese seu caráter disciplinado e regulado permite entrever, em ocasiões, a "personalidade" do aluno além de incluir referências a si mesmo, a seu mundo familiar e a seu entorno social".*[6]

Assumindo esta perspectiva, tomo os cadernos escolares entendendo que sua guarda e exibição traduzem histórias individuais e coletivas de aprendizagem e exercício da escrita de si.

* * *

Refugiados em arquivos pessoais e familiares, em meio a papéis acumulados ao longo do tempo, que marcam experiências, testemunham acontecimentos, eternizam a existência, permanecem entre as miudezas que vamos juntando e que nem mesmo sabemos o porquê. Muitos dos que sobreviveram ao tempo e à destruição expressam que a guarda do papel escrito se deu em função de uma trajetória escolar bem sucedida, como assinala Silvina Gvirtz.[7] É o caso da coleção de cadernos de várias gerações dos Sabrosa, que cumpre a função social de edificar a memória familiar, atestando a importância social da escola.[8]

---

6. VINÃO FRAGO, Antonio. Os cadernos escolares como fonte histórica: aspectos metodológicos e historiográficos. In. MIGNOT, Ana Chrystina Venancio (org). *Cadernos à vista: escola, memória e cultura escrita.* Rio de Janeiro: EdUERJ, 2008, p. 16.

7. GVIRTZ, Silvina. *Del curriculum prescripto al curriculum enseñado: uma mirada a los cuadernos de clase.* Buenos Aires: Aique, 1997.

8. Ver GRINSPUN, Mirian Paura Sabrosa Zippin. Velhos cadernos, novas emoções. In. MIGNOT, Ana Chrystina Venancio (org). *Cadernos à vista: escola, memória e cultura escrita.* Rio de Janeiro: EdUERJ, 2008, p. 257-266.

Até mesmo nas capas dos próprios cadernos guardados, uma parte da vida e da vida escolar está projetada. Aspectos que talvez não estejam registrados em exercícios de introspecção, confissão e exibição do privado, tão a gosto de inúmeras redações sobre a família, a casa, a escola, a rua, o bairro, as férias, os brinquedos, as brincadeiras ou os projetos de futuro povoam as páginas desde que a criança ingressa no universo das letras:

> Era um mundo de muita discriminação... [para quem não podia comprar], para gente como eu tinha a Fename (na época se chamava Fename), o que hoje é FAE. Essa tal Fename tinha um posto lá dentro, um lugar lá na escola e você tinha direito a ganhar determinados livros, uma cota de lápis, borracha, caderno, uma peça para fazer, a peça não a calça, a peça de tergal azul, a peça branca de algodão, o bolsinho vinha junto, e você tinha direito se todo ano você fizesse um atestado de pobreza que tinha que ser registrado na delegacia e tinha uma visita à sua casa. Se por um lado era legal, a gente tinha que encapar bem os cadernos, pois se o pessoal via que era da Fename... Nós éramos minoria, vamos supor... em uma sala de quarenta e dois. Era a minoria quem precisava e por isso a discriminação; era o pessoal do atestado de pobreza ...[9]

Em meio a laços de fita, pétalas de flores, anotações apressadas, fotografias, agendas, diários íntimos, cartas, cartões, cadernos de receitas, bilhetes entre pais e filhos, marido e mulher, avós e netos e certidões diversas, esquecidos, têm grande poder de lembrança, trazendo à tona pessoas, fatos, situações, sentimentos e as marcas da escolarização, o que exige uma delicada e difícil aproximação com os seus titulares.

---

9. Entrevista transcrita em ALVES, Nilda. Imagens de professoras e redes cotidianas de conhecimentos. In. *Educar:* Curitiba Editora UFPR, 2004, nº 24, p. 25.

Cada um deles carrega uma carga afetiva, em meio a relatos que convidam a concordar com a afirmação de que *"a guarda do papel escrito é a guarda da vida contida no papel. Em outras palavras, guarda-se o (...) que contém a vida.* [10] Ou, como disse uma professora convidada,[11] certa vez, ao remexer seus guardados *"mutantes e fragmentados": eles "exalam o perfume do amor; abrem as comportas das lágrimas; acariciam a saudade; gritam Por quê?; simplesmente me fazem sorrir; são invisíveis, mas marcam presença pela sua ausência; são flashes, reflexos de orgulho; são provas, certezas de nada"*. Revisitados, podiam ser vistos como *"tentativas de eternidade, desculpas para dar um pulinho no passado, permanecer no point do presente e um voto de confiança no futuro. São intérpretes de uma 'língua' confusa, mágica, vital, que é a memória"*. Tocar neles significou *"dar corda para a memória"* e encontrar-se com alguns personagens importantes do ato de escrever: lápis, borrachas, canetas, apontadores, mas também com alguns suportes materiais da escrita por onde desfilam eventos e sentimentos.

Enfim, se abrir velhos baús de memórias significa, muitas vezes, um reencontro com a própria vida, a permissão para perscrutar arquivos pessoais, em busca de cadernos escolares, envolve compreender que para os pesquisadores, mais do que guardar segredos, emoções, sonhos, expectativas, projetos, costumes, folhear esses papéis possibilita mais do que um encontro com o passado, a possibilidade de refletir sobre a importância da escrita na vida de cada um e de todos.

* * *

10. Cf. D'ARAÚJO, Celina. "O fio da meada no diário de Vargas". Rio de Janeiro: Fundação Getúlio Vargas. *Estudos Históricos,* v. 9, ano 17, 1996, p.189.

11. Arminda Barbosa da Fonseca de Paula, em um texto produzido sobre seu arquivo pessoal, durante curso para as professoras da rede pública de ensino de Niterói, em 2003.

Reverter o abandono, ao qual os cadernos escolares estavam condenados, tem motivado uma série de pesquisas que revelam histórias individuais e coletivas de aprendizagem da escrita e da escrita de si, por pesquisadores interessados em diferentes questões e com distintas abordagens.

Observando uma sala de aula de primeira série, Anabela Almeida Costa e Santos, por exemplo, a partir da Psicologia Escolar, concluiu que nem sempre as professoras se dão conta das inúmeras aprendizagens envolvidas nos usos dos cadernos escolares, uma vez que eles são naturalizados. Em um dos muitos casos de alunos que tinham dificuldades com a escrita, descobriu um que passava horas copiando do quadro, sem que prestasse atenção a outros conteúdos ensinados. Em conversa com Severino, sobre suas tarefas escolares, descobriu as razões de tanta demora para copiar um simples cabeçalho neste suporte da escrita:

> "'A linha de lá [da lousa] é grande e essa [a do caderno] é pequena.' Ou seja, Severino empenhava-se em reproduzir aquilo que estava na lousa tal e qual como era apresentado. Assim, quando uma frase estava colocada na lousa, em uma única linha, ele procurava fazê-la também em uma linha de seu caderno, tarefa que se revelava difícil na maioria das vezes, especialmente pelo fato de seu caderno ser pequeno e de sua letra ser grande". [12]

Investigando um conjunto de 275 cadernos escolares, arquivados em processos que visavam apurar o envolvimento político das professoras durante o franquismo, as historiadoras da educação Maria Del Mar Pozo Andrés e Sara Ramos Samora, exemplificam

12. Ver SANTOS, Anabela Almeida Costa. Aprendendo a usar cadernos: um caminho necessário para a inserção na cultura escolar. In. MIGNOT, Ana Chrystina Venancio (org). *Cadernos à vista: escola, memória e cultura escrita.* Rio de Janeiro: EdUERJ, 2008, p. 149.

como se pode encontrar neles histórias coletivas de aprendizagem e exercício da escrita de si. Numa perspectiva de gênero, partem da compreensão de que estes documentos permitem analisar, nas escritas obrigatórias e livres, os modelos femininos que eram transmitidos nas salas de aula, a partir de alguns núcleos temáticos: família, mãe, escola e perspectivas de futuro para a mulher e vida cotidiana infantil.

Em meio a estes exercícios, encontraram inúmeros exemplos que demonstram que cabia à mulher obedecer ao marido e segui-lo, sacrificando-se pelo bem estar de todos os membros da família. Aos homens era reservado o dever de proteger, defender e representar a esposa e a família. Os modelos de mães e donas de casa eram reforçados em temas trabalhados em disciplinas como Higiene e Economia Doméstica, nas quais eram ressaltadas lições sobre a ventilação da casa, os cuidados com a limpeza, a organização do lar. Nos temas relativos à escola e perspectivas de futuro da mulher concluíram que, mesmo tendo os mesmos conteúdos ensinados para meninos e meninas, havia um currículo oculto que legitimava a diferenciação de gênero. Nos cadernos escolares das meninas foi encontrado um número maior de valores religiosos e preceitos morais e, nos dos meninos, valores referentes ao mundo do trabalho. Procurando cruzar com as categorias de classe e a procedência geográfica dos cadernos, as autoras encontraram nas atividades cotidianas das meninas, especialmente nas referências ao lazer, brincadeiras e espaços de recreação no ambiente da casa e os meninos no espaço da rua, sem participação efetiva nas obrigações domésticas.[13]

* * *

13. POZZO ANDRÉS, Maria del Mar e RAMOS ZAMORA, Sara. "Niñas hablando a mujeres: narraciones femeninas recojidas em los cuadernos escolares (1928-1942)". Trabalho apresentado no *XII Coloquio Internacional de la Asociación Española de Historia de las Mujeres*: Sevilla, 2004, mimeo.

A mesma preocupação em dar visibilidade aos cadernos escolares motivou "Não me esqueça num canto qualquer", exposição de cadernos escolares, durante o III Congresso Internacional sobre Pesquisa (Auto)Biográfica, que se realizou em Natal, em 2008. Mais do que um achado poético retirado de letra de música de um de nossos maiores compositores, seu título pretendia ser um repto, um chamamento, um alerta contra o descaso, o esquecimento e o descarte apressado de um dos documentos mais importantes para o estudo das práticas escolares, na medida em que, ao longo dos anos, neles registramos as operações mais rotineiras no cotidiano escolar, que ultrapassam as reformas educativas, as crenças pedagógicas e os momentos políticos: copiar, traduzir, selecionar, classificar, ordenar, enumerar, completar, separar, compor, relacionar, definir, analisar, resumir, redigir, calcular e resolver. [14]

A rigor, esta ideia já estava presente no projeto "Casa Cruz: uma papelaria na produção, circulação e usos dos suportes da escrita escolar",[15] e ganhou força em 2007, quando estive na Universidade de Macerata, na Itália, participando, na condição de convidada, do "Convegno Internazionale di Studi Quaderni di Scuola: Una fonte complessa per la storia delle culture scolastiche e dei costumi educativi tra Ottocento e Novecento", uma vez que, durante o mesmo, tive a oportunidade de visitar três importantes exposições sobre este importante objeto da cultura escrita e da cultura material da escola: "I quaderni di scuola nel Novecento: la produzione industriale di Cartiere Paolo Pigna (Cartiere Paolo Pigna S.p.A., Itália)"; "Tra banchi e quaderni", com a curadoria de Paolo Ricca (da Associazione 'Il salotto verde', Itália) e "Les cahiers des écoliers du monde. Un cahier d'écolier qui apprend à écrire de chaque pays du monde", com a curadoria de Henry Merou (Association En marge des cahiers,

---

14. Ver GVIRTZ, Silvina. *op.cit.*

15. Projeto de pesquisa com o qual obtive bolsa de produtividade em pesquisa do CNPq (2005-2008) e auxílios do Edital Universal do CNPq (2006-2008) e Auxílio à Pesquisa – APQ1, da FAPERJ (2005).

França). Na apresentação do catálogo digital da referida exposição, comentei a importância das mesmas:

> A primeira mostra privilegiou a presença de uma importante empresa caderneira italiana, responsável pela produção de belos cadernos escolares, na qual foram destacados os avanços tecnológicos que informam e conformam a fabricação destes objetos escolares. Paolo Ricca, por sua vez, reuniu uma belíssima coleção com cerca de mil cadernos de distintas regiões da Itália, que permitem compreender como os períodos históricos nos quais foram produzidos e utilizados, se expressam nas próprias capas e contracapas que procuravam disseminar crenças, valores, ideologias e condutas socialmente aceitas e desejáveis. Apoiada pela Unesco e financiada pelo Ministério da Educação da França e pela Aliança Francesa, na última delas, de natureza itinerante, os cadernos reunidos em todo o mundo resultam de inúmeras viagens e têm características universais, segundo o curador: são testemunhos de todas as aprendizagens de escrita e de todos os saberes.[16]

Convencida de que era necessário contribuir para reverter a situação de abandono à qual os cadernos escolares estavam sendo condenados, de modo a propiciar a investigação mais aprofundada sobre a *"caixa preta da sala de aula"*, a realização da exposição se tornou imperiosa. Articular esta iniciativa a um evento de grande repercussão nacional e internacional foi a oportunidade que se apresentou e que permitiu viabilizar o projeto, trazendo como exigência o estabelecimento de uma relação estreita com a temática do congresso. Os pesquisadores envolvidos tomaram os cadernos escolares como um suporte à invenção de si:

16. Cf. MIGNOT, Ana Chrystina Venancio. Do primeiro rabisco até o be-a-bá. In. MIGNOT, Ana Chrystina Venancio (org). *Não me esqueça num canto qualquer.* Rio de Janeiro: Laboratório Educação e Imagem, 2008 (CD-Rom)

> Cadernos escolares evocam um dos lugares autobiográficos cada vez mais comuns às últimas gerações – a escola. Capas, contracapas, exercícios de cópia, caligrafia, ditados, cálculos, desenhos, cartografias, e até mesmo as avaliações dos professores, permitem compreender sua importância na história de vida de cada um e de todos. Esquecidos, muitos deles permanecem guardados em arquivos pessoais, refúgios da escrita ordinária, da escrita infantil e, particularmente, da escrita escolar.
>
> Reunidos por historiadoras da educação, especialistas em currículo e formação de professores, de várias universidades de diversas regiões do país, estes suportes da escrita escolar, produzidos e utilizados desde o início do século passado até os dias atuais, sugerem tanto as mudanças na materialidade do objeto, como nas práticas pedagógicas, na aprendizagem e exercício da escrita e nos valores transmitidos.
>
> A exposição resulta de delicados gestos de recolher, ler, reler e interpretar antigos cadernos. Pretende, assim, dar visibilidade a um objeto que tem permanecido à sombra e, deste modo, contribuir para socializar as pesquisas sobre esta fonte/objeto de pesquisa; divulgar a importância da aprendizagem e exercício da escrita (auto)biográfica produzida no espaço escolar; disseminar a cultura da preservação da memória escolar; e, valorizar a escrita das pessoas comuns, em especial, a dos alunos das escolas brasileiras que, tradicionalmente, não é considerada relevante para estudos, exposição e guarda.[17]

Uma das pesquisadoras revisitou seus próprios guardados procurando compreender a sua própria relação com a escrita e com a escola:

> De meu "coisário", retirei os cadernos escolares e me senti como "Pandora". Conta o mito que ela, quando nasceu, rece-

17. Texto de apresentação da exposição, em painel.

> beu de Hermes o dom da curiosidade. A menina cresceu. Certo dia recebeu um presente de Zeus: um baú trancado à chave. Era belíssimo e o admirava todos os dias. Não resistiu à curiosidade e o abriu. Saíram as mais diferentes e estranhas criaturas Foi assim que vi sair das páginas dos meus cadernos fadas e bruxas - os mais diferentes símbolos de minha trajetória de vida e formação. [18]

* * *

Entendendo que a curadoria de uma exposição envolve reunir, eleger, abandonar, isto é, que uma exposição não deve se reduzir a um *"dispositivo de amostragem de obras, mas como uma obra em si, unidade construída com diferentes tipos de objetos, cujos significados estão além de sua mera soma"*,[19] procuramos imprimir uma sintonia entre o exposto e o modo de expor, os objetos e o contexto físico e o duplo desafio de formação e entretenimento.

Como de outras vezes, para que a curadoria não se reduzisse a uma mera assinatura ou a uma diretividade tal que submetesse as obras expostas às ideias e intenções do curador,[20] na montagem abolimos a obrigatoriedade de um circuito que inibisse a espontaneidade dos visitantes pela organização imposta,[21] permitindo assim que

---

18. Ver BRAGANÇA, Inês Ferreira de Souza. Cadernos escolares em arquivos pessoais: mistérios da "caixa de Pandora". In. MIGNOT, Ana Chrystina Venancio (org). *Não me esqueça num canto qualquer.* Rio de Janeiro: Laboratório Educação e Imagem, 2008 (CD-Rom).
19. Ver CONDURU, Roberto. Transparência opaca. *Concinnitas*, Rio de Janeiro, 2004, ano 5, número 6, p. 31.
20. Idem.
21. Desenvolvi algumas reflexões a respeito de exposições sobre a escrita, em MIGNOT, Ana Chrystina Venancio. A escrita nossa de cada dia: sonhos impressos em iniciativas de preservação da memória escolar. In *II Seminário Internacional Redes de conhecimentos e tecnologias.* Rio de Janeiro: UERJ, 2003. b, e CD-Rom. MIGNOT, Ana Chrystina. V. Da gaveta à vitrine: exposições sobre escrita In. Elizeu Clementino de

os cadernos escolares pudessem ser vistos de diferentes ângulos, isto é, além de testemunhos do ingresso da criança na cultura escrita, das práticas educativas, dos usos do tempo escolar, dos currículos ensinados muitas vezes diferente dos prescritos, como espaço gráfico no qual se exercita um voltar-se para si mesmo, em redações e cartas sobre a família, as brincadeiras, as férias, a escola, o lazer, o trabalho, a vida.

Tal compreensão implicou em reunir cadernos escolares, lápis, borrachas, canetas, penas, tintas, mata-borrões, apontadores, estiletes, enfim, todo um conjunto de suportes e utensílios da escrita escolar de temporalidades diversas, a partir dos textos propostos por cada um dos pesquisadores. Isto permitiu organizar ambientes, com mesas-vitrines e painéis, que procuravam aguçar o interesse dos visitantes para as múltiplas possibilidades investigativas que os cadernos oferecem aos pesquisadores.

Além destes ambientes com objetos e textos, sobre um tablado, estava uma mesa de professor, na qual repousavam um globo, uma sineta, uma palmatória e um jarrinho de flores e uma bancada que ostentava frases, via de regra, encontradas nos cadernos dos alunos, como *"Letra linda!"*, *"Corrija!"*, *"Muito bem!!!"*,*"Precisa estudar mais!"*, *"Continue assim!!!"*, entre outros. Os cadernos lembravam, a todo instante, que não só acompanham as nossas vidas, como guardam, em suas páginas, experiências de formação.

Procurando fazer com que o cenário no qual os cadernos escolares foram expostos contribuísse para que a exposição pudesse *"ensinar, comover, deleitar"*[22] perseguimos, com ênfase ainda maior, a possibilidade de explorar na classificação e exibição do material um discurso de fácil acesso, que não fosse inteligível apenas para espe-

---

Souza. (Org.). *Autobiografias, histórias de vida e formação: pesquisa e ensino*. 1. Porto Alegre: EDIPUCRS, 2006, p. 207-224.

22. Ver SANTIAGO, Silviano. A pedagogia do novo museu. In Caderno Mais. *Folha de São Paulo*, 30 de julho de 1995, p. 5.

cialistas, no qual cada detalhe pudesse funcionar como uma certa armadilha para o olhar. Para tanto, optamos por decorar o piso da exposição com flores que imitavam antigos decalques e investimos numa iluminação cenográfica que conferiu certo clima onírico à exposição, como um todo, e a cada conjunto de vitrines, em particular.

Se não é novidade que a escola é um espaço onde se produz textos, um espaço de valorização da escrita, nesta exposição os cadernos escolares foram examinados numa perspectiva original e inovadora, isto é, como espaços gráficos da escrita de si. Mais do que ver a escrita das crianças como um uma imposição do sistema educativo eles foram perscrutados como produto híbrido da imposição e da transgressão, o que permitiu a análise dos pesquisadores para algo ainda pouco visível: a escrita (auto) biográfica. Além de histórias individuais, vieram à tona histórias coletivas:

> Cadernos e documentos de imigrantes produzidos nas diferenciadas escolas paulistas registraram as marcas da cultura escolar eurocêntrica que o Estado procurava impor a todos, mas também as especificidades e resistências de cada grupo. Os escritos das crianças, jovens e adultos constituem registros autobiográficos de seus processos de formação escolar, permeados pelas teias de significados atribuídos pelos respectivos grupos à escola, suas formas de preservação da cultura própria, dos vários nacionalismos, assim como as tentativas de inserção na sociedade mais ampla. [23]

De certa forma, os cadernos na Pedagogia Waldorf cumprem as funções descritas pelos estudiosos dos momentos iniciais da substituição das folhas soltas de papel por conjuntos encadernados. Este novo objeto da cultura material escolar

23. DEMARTINI, Zeila de Brito Fabri. Nos cadernos, as marcas da imigração. In. MIGNOT, Ana Chrystina Venancio (org). Não me esqueça num canto qualquer. Rio de Janeiro: Laboratório Educação e Imagem, 2008 (CD-Rom).

modifica a ambientação de estudo, produzindo um espaço favorável à organização do pensamento e à reflexão sobre a própria aprendizagem. Daí a escrita se torna um exercício que faz o sujeito que escreve voltar-se para si mesmo.[24]

Assim, conforme assinalei, anteriormente, [25] ao retirar estes objetos gráficos da zona de penumbra dando visibilidade aos mesmos, foi possível interpretar este suporte da escrita escolar, em sua relação com a vida dos alunos, dos professores e até dos idealizadores dos cadernos escolares. Articulados em torno de três núcleos mais amplos – traços de histórias (d)e vidas; aprendizagem e exercício da escrita de si; e, percursos de formação na escrita autobiográfica – os temas e abordagens se entrecruzaram, se tocaram, se interpenetraram.

* * *

Fugindo ao destino que têm as escritas cotidianas, condenadas à destruição, ao abandono e ao esquecimento, os cadernos escolares exibidos permitiram, aos que guardaram, um reencontro com a própria história, pois por suas páginas amareladas estavam vestígios do tempo, mostrando que por estes papéis, juntamente com os lápis ou as canetas, deslizaram sonhos, expectativas, costumes, crenças, práticas, projetos, desejos, inquietações, segredos.

Muitos foram os visitantes que deixaram, em suas impressões, a surpresa que tiveram ao descobrir a importância deles, lamentaram o fato de não os terem guardado, comentário idêntico aos deixados em outras oportunidades quando, diante de diários, cartas,

24. MORAES, Dislane Zerbinatti. Uma improvável escrita de si: lembranças e materialidades na memória de uma aluna da Escola Waldorf. In. MIGNOT, Ana Chrystina Venancio (org). *Não me esqueça num canto qualquer.* Rio de Janeiro: Laboratório Educação e Imagem, 2008 (CD-Rom).

25. MIGNOT, Ana Chrystina Venancio. Do primeiro rabisco até o be-a-bá. *Op.cit.*

agendas, cadernos de perguntas, cadernos de recordações e tantos outros documentos, confessaram terem se desvencilhado destes velhos papéis em mudanças de casa ou em momentos de revisão de vida: *"Cadernos, cadernos, cadernos... Pra onde foram meus cadernos? Guardo-os na memória"*, anotou alguém.

Diante dos suportes da escrita escolar, outros se deixaram tomar por inúmeras recordações, reviveram o tempo escolar, deixando entrever que, como tantos outros, eles se constituem em *objetos autobiográficos*, que, no dizer de John Kotre,[26] servem de suporte para a recuperação de lembranças evitando que elas desapareçam ou se deteriorem:

> "Fico feliz com a delicada possibilidade de registrar as construções do cotidiano escolar num relevante encontro de professores(as) e pesquisadores(as). Isso demarca que somos capazes de ressignificar o fazer docente e conceber as nossas crianças como parceiras de grandes construções formativas. As memórias são sempre significativas e reveladoras";
>
> "Que alegria voltar no tempo e lembrar dos cadernos simples feitos com papel almaço cortado ao meio, encapados com papel de embrulho e costurados pela minha mãe querida. Assim fomos alfabetizados e aprendemos a dar valor ao ensino";
>
> "Esta exposição me fez recordar os tempos de criança, desde a alfabetização...Tempos inesquecíveis em que fazia caligrafia, desenhava e desenvolvia o amor pelos livros, pela escola e pela vida";
>
> "Me senti afetado por esta exposição. Muitas lembranças dos tempos de escola... Sou tão jovem, mas parecem ser tempos tão distantes. Olhando os objetos... lembranças de 'tias', merendeiras, giz de cera, areia do parquinho, cartolinas...

---

26. KOTRE, John. Luvas brancas: como criamos a nós mesmos através da memória. São Paulo: Mandarim, 1997.

> Memórias adormecidas de momentos muito importantes do que posso chamar de 'invenção de mim', que hoje atualizo. Me arrependo de não ter guardado meus cadernos"![27]

Estes relatos escritos, em tom autobiográfico, deixam entrever que a exposição se constituiu, portanto, em convite para que cada um transitasse pelas escritas de si, em múltiplas leituras. Um convite, também, para folhear os próprios papéis guardados da infância, aparentemente sem nenhuma importância, sabendo que eles testemunham nossos modos de aprender, ensinar, conviver, pensar, sentir, registrar e preservar e, por isso, interessam a todos que procuram compreender a história e a história da educação.

Referências bibliográficas

ALVES, Nilda. Imagens de professoras e redes cotidianas de conhecimentos. In. *Educar:* Curitiba Editora UFPR, 2004, nº 24, p. 25.

ANTONELLI, Quinto e BECHI, Egle (a cura di). *Scritture bambine. Testi infantili tra passato e presente.* Roma-Bar: Laterza, 1995.

ARIAS CARRASCOSA, Miguel Angel e GARNACHO GÓMEZ, Ignácio. Los cuadernos escolares. In. SIERRA BLAS, Verônica, MARTINEZ, Laura e MONTEAGUDO, José Ignácio (orgs). *Esos papeles tan llenos de vida... materiales para el estudio y edición de documentos personales.* Girona, CCG Ediciones, 2009, p. 59.

BRAGANÇA, Inês Ferreira de Souza. Cadernos escolares em arquivos pessoais: mistérios da "caixa de Pandora". In. MIGNOT, Ana Chrystina Venancio (org). *Não me esqueça num canto qualquer.* Rio de Janeiro: Laboratório Educação e Imagem, 2008 (CD-Rom).

CONDURU, Roberto. Transparência opaca. *Concinnitas,* Rio de Janeiro, 2004, ano 5, nº 6, p. 31.

D'ARAÚJO,Celina. O fio da meada no diário de Vargas. Rio de Janeiro: Fundação Getúlio Vargas. *Estudos Históricos,* v. 9, ano 17, 1996, p.189.

27. Depoimentos de visitantes deixados no Livro de Impressões.

DEMARTINI, Zeila de Brito Fabri. Nos cadernos, as marcas da imigração. In. MIGNOT, Ana Chrystina Venancio (org). *Não me esqueça num canto qualquer*. Rio de Janeiro: Laboratório Educação e Imagem, 2008 (CD-Rom).

FERNANDES, Rogério. Um marco no território da criança: o caderno escolar. In MIGNOT, Ana Chrystina Venancio. (org). *Cadernos à vista: escola, memória e cultura escrita*. Rio de Janeiro: EdUERJ, 2008, p. 49-68.

GVIRTZ, Silvina. *Del curriculum prescripto al curriculum enseñado: uma mirada a los cuadernos de clase*. Buenos Aires: Aique, 1997.

GRINSPUN, Mirian Paura Sabrosa Zippin. Velhos cadernos, novas emoções. In. MIGNOT, Ana Chrystina Venancio (org). *Cadernos à vista: escola, memória e cultura escrita*. Rio de Janeiro: EdUERJ, 2008, p. 257-266.

JULIA, Dominique. Documenti della scrittura infantile in Francia. In ANTONELLI, Quinto e BECCHI, Egle (a cura di). *Scritture bambine. Testi infantili tra passato e presente*. Roma-Bar, Laterza. 1995, pp. 5-24.

KOTRE, John. *Luvas brancas: como criamos a nós mesmos através da memória*. São Paulo: Mandarim, 1997.

MIGNOT, Ana Chrystina Venancio. A escrita nossa de cada dia: sonhos impressos em iniciativas de preservação da memória escolar. In II *Seminário Internacional Redes de conhecimentos e tecnologias*. Rio de Janeiro: UERJ, 2003. b, (CD-Rom).

_____. Do primeiro rabisco até o be-a-bá. In. MIGNOT, Ana Chrystina Venancio (org). *Não me esqueça num canto qualquer*. Rio de Janeiro: Laboratório Educação e Imagem, 2008 (CD-Rom).

_____. Da gaveta à vitrine: exposições sobre escrita In. Elizeu Clementino de Souza. (Org.). *Autobiografias, histórias de vida e formação: pesquisa e ensino*. 1. Porto Alegre: EDIPUCRS, 2006, p. 207-224.

MORAES, Dislane Zerbinatti. Uma improvável escrita de si: lembranças e materialidades na memória de uma aluna da Escola Waldorf. In. MIGNOT, Ana Chrystina Venancio (org). *Não me esqueça num canto qualquer*. Rio de Janeiro: Laboratório Educação e Imagem, 2008 (CD-Rom).

POZZO ANDRÉS, Maria del Mar e RAMOS ZAMORA, Sara. "Niñas hablando a mujeres: narraciones femeninas recojidas em los cuadernos escolares (1928-1942)". Trabalho apresentado no *XII Coloquio Internacional de la Asociación Española de Historia de las Mujeres*: Sevilla, 2004, mimeo.

SANTIAGO, Silviano. A pedagogia do novo museu. In Caderno Mais. *Folha de São Paulo,* 30 de julho de 1995, p. 5.

SANTOS, Anabela Almeida Costa. Aprendendo a usar cadernos: um caminho necessário para a inserção na cultura escolar. In. MIGNOT, Ana Chrystina Venancio (org). *Cadernos à vista: escola, memória e cultura escrita.* Rio de Janeiro: EdUERJ, 2008, p. 149.

SILVEIRA, Maria Helena Vargas. *As filhas de lavadeiras.* Porto Alegre: Grupo Cultural Maria Ginga, 2002.

VINÃO FRAGO, Antonio. Os cadernos escolares como fonte histórica: aspectos metodológicos e historiográficos. In. MIGNOT, Ana Chrystina Venancio. (org). *Cadernos à vista: escola, memória e cultura escrita.* Rio de Janeiro: EdUERJ, 2008, pp. 15-34.

Caminhos e potencialidades da pesquisa (auto)biográfica

Narrar é humano! Autobiografar é um processo civilizatório

Maria da Conceição Passeggi

> *Creio que todas as palavras que vamos pronunciando, todos os movimentos e gestos, concluídos ou somente esboçados [...] podem ser entendidos como peças soltas de uma autobiografia não intencional [...] Esta convicção de que tudo quanto dizemos e fazemos ao longo do tempo, mesmo parecendo desprovido de significado e importância, é, e não pode impedir-se de o ser, expressão biográfica, levou-me a sugerir um dia, com mais seriedade do que à primeira vista possa parecer, que todos os seres humanos deveriam deixar relatadas por escrito as suas vidas.*
>
> José Saramago

Inicio minha reflexão apoiando-me no texto "Biografias", de José Saramago (2008), publicado em seu blog[1], cinco dias após o encerramento do III Congresso Internacional sobre Pesquisa (Auto) biográfica (III CIPA), realizado em Natal/UFRN, em 2008[2]. Na epígrafe acima, Saramago define de modo lapidar o que ele chama de *autobiografia não intencional*, que realizamos mediante palavras, movimentos, gestos esboçados ao longo da vida. Convicto do valor humano dessa atividade espontânea, o autor sugere que "todos os

1. This entry was posted on September 22, 2008 at 11:37 pm and is filed under O Caderno de Saramago. http://caderno.josesaramago.org

2. III Congresso Internacional sobre Pesquisa (Auto)biográfica – *(Auto)Biografia: formação, territórios e saberes* – UFRN/Natal, de 14 a 17 de setembro de 2008.

seres humanos deveriam deixar relatadas por escrito as suas vidas". Até aí concordamos. Todavia, Saramago indaga-se sobre "o que faríamos desses milhares de milhões de volumes que comporiam a desmesurada, a imensa biblioteca do existir humano?" E nos provoca, concluindo que esses relatos de vidas "seriam despachados para Plutão, o mais distante dos filhos do Sol, aonde de certeza raramente quereriam viajar os investigadores."

O que desejo guardar dessa provocação de Saramago é o que será aqui o cerne dessa reflexão. Estamos constantemente a nos autobiografar, logo, *narrar a própria vida é uma ação humana espontânea.* No entanto, uma longa caminhada separa a espontaneidade dessa ação e o ato deliberado de escrever sobre a própria vida: tanto do ponto de vista da filogênese, quanto da ontogênese. Ao longo da história da humanidade, os instrumentos tornaram-se cada vez mais sofisticados e as biografias, reservadas inicialmente a fatos memoráveis de personalidades históricas, democratizaram-se. A escrita de si tornou-se tão usual que podemos falar de uma sociedade biográfica. Desde a liberdade dos *web sites*, que atingem cifras inimagináveis de usuários - *Second Life, Facebook, Orkut, Twitter, MySpace, Nègre pour un inconnu, Museu da Pessoa...* – ao imperativo biográfico dos *curriculum vitae*, dos *projetos de vida*, dos *memoriais.* Ao longo da vida de cada indivíduo, a escrita de si pode se tornar um objeto de desejo, efetivar-se, ou jamais fazer parte do seu querer e/ou poder. Portanto, se *narrar é humano*, o trabalho de biografização é uma ação civizilizatória, que exige manuseio de *tecnologias,* marcadas pela cultura, que arrastam consigo relações de poder e implicam saberes, quereres e deveres.

O meu propósito é dar sequência a uma discussão iniciada em um Painel do III CIPA, do qual participaram pesquisadores brasileiros com o objetivo de avaliar os trabalhos apresentados nos sete eixos temáticos do Congresso. Após o debate, extremamente rico com os demais pesquisadores presentes, chegou-se à seguinte conclusão: as potencialidades das fontes (auto)biográficas revelam-se na diversidade de trabalhos, oriundos de diferentes horizontes disciplinares. Os modos de abordagens, entretanto, pareceram tão díspares, que se julgou importante traçar um programa de investigação sobre os princípios epistemológicos, teórico-metodológicos da pesquisa (auto)biográfica, com a finalidade de melhor orientar as pesquisas nessa área de investigação educacional.

Organizei minha comunicação em dois momentos. Primeiramente, vou tentar definir o que me parece ser, hoje, a pesquisa (auto) biográfica em Educação. Em seguida, me proponho a mapear estudos e pesquisas em torno de dois eixos já consagrados. Um eixo horizontal, no qual situo as narrativas (auto)biográficas como práticas de formação. E um eixo vertical, no qual situo o seu uso como método de pesquisa e modo de (auto)biografar. Cada eixo apresenta dois direcionamentos. O eixo das práticas de formação compreende, de um lado, a formação do adulto (professores, profissionais, gestores...) e, de outro, a formação do formador (da pessoa que acompanha o adulto em formação). No eixo vertical, encontram-se no alto os métodos de pesquisa e na base os modos de grafar a narrativa. Esses quatro direcionamentos têm um valor didático, pois podem se entrecruzar na práxis social e acadêmica da escrita de si, criando zonas de intersecção (ZDI). Elaborei o esquema abaixo para dar visibilidade aos direcionamentos da pesquisa (auto)biográfica a partir dos seus dois grandes eixos:

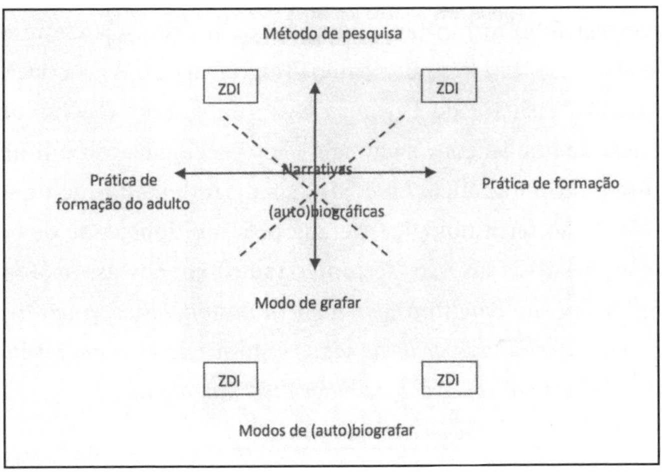

Esquema – Direcionamentos da pesquisa (auto)biográfica

Os eixos da pesquisa e das práticas de formação são, portanto, interdependentes. A teorização realizada em um dos quatro direcionamentos auxilia a compreensão dos três outros. O material produzido, por exemplo, no eixo das práticas de formação pode servir de base para o trabalho sobre os modos de narrar. O interesse de pensar esses diferentes direcionamentos é buscar aclarar veredas que permitam compreender que cada um deles exige aproximações com referenciais teóricos e métodos específicos. O pesquisador pode, evidentemente, formar para investigar sobre a formação, ajudar o outro a escrever para investigar sobre os modos de narrar, mas o que vai determinar o direcionamento da pesquisa é o modo como problematiza o foco de seu objeto de estudo.

A pesquisa (auto)biográfica

A partir dos anos 2000, observa-se nos estudos pós-graduados no Brasil, um movimento que vem contribuindo para a fundação da pesquisa (auto)biográfica em Educação. Ele se expressa mediante a explosão de teses e de mestrados que tomam como palavra-chave da investigação o termo (auto)biográfico[3]; o êxito dos Congressos Internacionais sobre Pesquisa (Auto)Biográfica (CIPA); a criação da Associação Brasileira de Pesquisa (Auto)Biográfica (BIOgraph); a existência de publicações nacionais e internacionais sob o título de Pesquisa (auto)biográfica. Esse fatos sinalizam uma forma de superar a flutuação terminológica, gerada pela multiplicidade de denominações relativas ao uso de fontes (auto)biográficas: *abordagem biográfica ou autobiográfica, método (auto)biográfico, narrativa de vida, relato de vida, histórias de vida, histórias de vida em formação, pesquisa narrativa, investigação biográfico-narrativa...*

3. Cf. Stephanou, 2008.

Encontram-se, há mais de trinta anos, referências à *Biography research*, no mundo anglo-saxão, e na tradição alemã, a denominação *Biographie-forschun*[4]. Constata-se, na França, a emergência da *Recherche biographique en Education*, a existência da *Investigación biográfico-narrativa en educación* no mundo hispânico e, no Brasil, já se consagrou a expressão *pesquisa (auto)biográfica*. Esse consenso cria condições ideais para congregar pesquisadores numa rede internacional em torno da *pesquisa (auto)biográfica* como campo disciplinar. Consenso que deve, evidentemente, ser objeto de estudo, de discussões e de investigação epistemológica:

> Como definir o que se entende por pesquisa (auto)biográfica, de modo a incluir a multiplicidade de áreas já consagradas e as propostas emergentes de investigação? Qual o seu principal objeto de estudo? Que princípios epistemológicos são comuns aos diversos direcionamentos da pesquisa (auto)biográfica?

Costumo retomar[5] o diálogo de Gaston Pineau (2006a) com Georges Gusdorf (1991), a propósito do termo *Autobiografia*, para ressaltar o peso etimológico da palavra. Como se sabe, Pineau[6] afirma ter abandonado esse termo, que ele utilizou no título do livro[7] *Produire sa vie: autoformation et autobiographie* (1983), e que se tornou a base do movimento sócio-educativo das histórias de vida em formação. Ele explica que preferiu a expressão *histórias de vida*, mais intuitiva e de fácil compreensão, para evitar a vinculação com a *grafia* (escrita), sair do território íntimo do eu (auto) e acolher todas as manifestações de expressão da vida (bios). A palavra *autobio-*

4. Cf. Delory-Momberger, 2008.
5. Cf. Passeggi, 2008a, 2009b.
6. Cf. Pineau; Le Grand, 1993.
7. Pioneiros do movimento sócio-educativo das histórias de vida: Gaston Pineau (França e Canadá); Pierre Dominicé, Marie-Christine Josso, Mathias Finger (Suíça); Guy de Villers (Bélgica); Bernadette Bonvalot (França); António Nóvoa (Portugal).

grafia, criada na virada do século XIX, revela sua complexidade na aglutinação dos elementos que a compõem: *auto* (o eu); *bio* (a vida); *grafia* (a escrita). Para Gusdorf (1991, p.10, tradução minha),

> *Autos* é a identidade, o eu consciente dele mesmo e princípio de uma existência autônoma; *Bios* afirma a continuidade vital dessa entidade, seu desenvolvimento histórico [...]. *Grafia* introduz, finalmente, o meio técnico próprio às escritas do eu.

Assim, segundo Gusdorf (*ibidem*), a vida pessoal, simplesmente vivida (*Bios* de um *Autos*), "beneficia-se de um novo nascimento pela mediação da *Grafia*". Por essa razão, o autor teria preferido alterar a ordem dos termos – *Grafiabioauto* – para evidenciar o papel da linguagem mediadora de um novo nascimento, pela intermediação da escrita. Pineau (2006), no seu respeito à vida, insiste que seria preferível *Bioautografia*, postulando a indissociabilidade da vida e da cognição humana. Nas edições do CIPA, adotou-se a solução dos parênteses – *(auto)biografia* – para chamar a atenção sobre dois tipos de fontes nas pesquisas educacionais: as *biográficas* e as *autobiográficas*.

Na sequência de Gusdorf (1991), sugiro o exercício reflexivo de separar os três elementos por hífens como faz o autor: *auto-bio-grafia*, ou por pontos: *auto.bio.grafia*, de modo a demarcar as pontencialidades e a complexidade do espaço auto.bio.gráfico. Mas também para desenclausurar o eu (auto) e favorecer todas as combinações permitidas pela *pesquisa (auto)biográfica*: *biografia, autobiografia, grafiabioauto, bioautografia, ludobiografia, logobiografia, cinebiografia, autografia...*

Christine Delory-Momberger (2008, 2009, 2010), que vem teorizando, na França, a pesquisa biográfica em Educação[8], reconhece

8. A Association Internationale des Histoires de Vie en Formation (ASIHVIF), criada pelos pioneiros em 1990, passou a ser Association Internationale des Histoires de Vie en Formation et de la Recherche Biographique en Éducation, partir de 2009.

três desafios epistemológicos para definir a pesquisa (auto)biográfica[9]. O primeiro é um desafio imanente: sua autodefinição como área de pesquisa. *O que é a pesquisa (auto)biográfica? O que ela faz?* O segundo desafio é o do reconhecimento interno: *o seu lugar entre múltiplas posições teóricas e práticas que fazem uso de fontes (auto) biográficas em Educação.* Finalmente, o reconhecimento *externo*: sua *coexistência enquanto área de investigação científica no seio das Ciências Humanas e Sociais.* Não se trata de responder às questões levantadas, elas são tarefas de um programa de pesquisa para os próximos anos. O meu propósito é colocar em debate uma reflexão que tem permitido organizar melhor, em nosso grupo de pesquisa (GRIFARS), as orientações de teses e dissertações e nossas leituras do conjunto da produção científica nessa área.

Se considerarmos, por exemplo, a incidência de trabalhos inscritos nos sete eixos temáticos do III CIPA[10], o maior número de trabalhos (34,7%) volta-se para as práticas de formação, com foco na formação docente. Em segundo lugar, estão aqueles que focalizam as fontes (auto)biográficas como método de pesquisa (24,7%), com foco, desta vez, na relação entre histórias de vida e História da Educação. Esses percentuais apenas confirmam a tradição dos usos de fontes autobiográficas em Educação. O baixo escore das comunicações no eixo temático *Dimensões epistemológicas e metodológicas* (6,2%) ilustra a necessidade de mais trabalhos voltados para as dimensões teóricas, métodos de pesquisa e de análise dos dados empíricos. Há quase 20 anos, Nóvoa (1992) chamava a atenção para as críticas cerradas de correntes da Psicologia e da Sociologia, sobre a validação científica das fontes autobiográficas e o esvaziamento das lógicas sociais.

O que avançamos nesse sentido? Podemos dizer desde já que a pesquisa (auto)biográfica superou a ideia de um mero modismo e

9. Guardarei a expressão consagrada no Brasil – (auto)biográfica – por considerar uma solução integradora das fontes biográficas e autobiográficas.

10. Passeggi, 2008c, Relatório do III CIPA.

de "ilusão biográfica". Pois, como já anunciava Nóvoa (1992, p.19), a dimensão histórica do sujeito continua provocando "reviravoltas curiosas", não apenas em Educação, mas nas diversas áreas das Ciências Humanas e Sociais. Se Bourdieu (1986), preocupado com o rigor científico e a objetividade, chamava a atenção sobre "a ilusão biográfica", o autor legou à Sociologia um trabalho monumental com entrevistas biográficas: *A miséria do mundo* (2003). E, antes de sua morte, publicou na Alemanha, *Esboço de uma autoanálise* (2005), que ele próprio denominou de *Bildungsroman intelectual*, na mais pura tradição alemã dos romances de formação, que inspiram a pesquisa (auto)biográfica.

Parafraseando Gusdorf (1991, p. 123), diria que a *pesquisa (auto)biográfica* pode incluir, sem discriminação, todos as *grafias* (desde a escrita em línguas naturais, como as biografias, autobiografias; aos gestos, às fotografias, como as fotobiografias; vídeografias, cinebiografias, webgrafias, transcrições de textos orais...), nas quais o sujeito toma a si mesmo como objeto de reflexão. Se adotarmos essa percepção, é possível dizer que a pesquisa (auto)biográfica inclui em seu domínio a multiplicidade de áreas consideradas canônicas e as propostas emergentes que constituem territórios ainda inexplorados.

Quando nos indagamos sobre *o seu principal objeto de estud,* compreendemos que, no centro de suas interrogações, encontram-se: o *fato biográfico* (autobiográfico) e o ato de *biografar(se).* Tal como o define Delory-Momberger (2008, p. 36), o *fato biográfico* (autobiográfico) precede qualquer grafia efetiva, ele se aproxima do que Saramago denominou *autobiografia não intencional*:

> O que chamamos de fato biográfico é esse viés de figuração narrativa que acompanha o percebido de nossa vida, esse espaço-tempo interior, segundo o qual nos situamos sem conhecer exatamente o momento e o lugar que ocupamos na figura de conjunto que lhe atribuímos. E, em cada ponto dele, projeta-

mos, como nas narrativas "cujos leitores são os heróis", uma instância pessoal à qual conferimos a identidade de um si mesmo.

Por sua vez, *ato de (auto)biografar* define-se por essa capacidade humana de se apropriar de um instrumento semiótico (*grafia*), culturalmente herdado, e se colocar no centro do discurso narrativo (autobiografar), ou colocar o outro como protagonista de um enredo (biografar). O *fato (auto)biográfico* encontra na *narrativa* sua forma de expressão mais imediata, a tal ponto de ser facilmente confundido com ela. Para Delory-Momberger (2008, p. 37):

> O espaço-tempo da representação biográfica toma do discurso narrativo seus princípios de organização e de coesão: sucessão de causalidade narrativa, sintaxe das ações e das funções, dinâmica transformadora entre sequência de abertura e fechamento, orientação e objetivo. Em seus diversos níveis de operacionalidade, a narrativa apresenta-se como a *linguagem* do fato biográfico primordial [...], como o *operador da tessitura da intriga,* mediante o qual fazemos de nossa vida uma história.

Tendo esboçado seu objeto de estudo cabe tentar responder: *O que faz a pesquisa (auto)biográfica?* Atentando para o lugar central da linguagem, isolei os modos de (auto)biografar como um dos direcionamentos da investigação científica nessa área. De modo que, em primeiro lugar, a pesquisa (auto)biográfica explora o entrelaçamento entre linguagem, pensamento e *praxis* social. Para realizar tal investimento, segundo Delory-Momberger (2010), a pesquisa (auto) biográfica deve se aplicar a estudar as operações de linguagem, segundo a especificidade dos instrumentos semióticos, que materializam o fato biográfico, mediante os quais os indivíduos integram, estruturam, interpretam os espaços e as temporalidades de seus contextos histórico-culturais. Por esse viés, é que se pode examinar o processo de construção do sujeito na interação dialética entre o espaço social e o espaço pessoal. É ainda tarefa sua analisar os modos como os indivíduos dão forma às experiências, sentido à existência, na interação com o outro. Em suma, a pesquisa (auto)biográfica tem por ambição compreender como os indivíduos (a criança, o jovem, o adulto...) e|ou os grupos (familiares, profissionais, gregários...) atribuem sentido ao curso da vida, no percurso de sua formação humana, no decurso da história.

Três grandes princípios guiam as investigações. O primeiro coloca em cena a construção da realidade pelo sujeito. O célebre teorema de William Thomas (1932) sintetiza esse princípio: *Se os homens definem uma situação como real, ela é real em suas consequências.* A *realidade* são representações construídas na interação humana em função de sua percepção de uma situação social. Essas representações modificam-se acompanhando as mutações sociais e o desenvolvimento do indivíduo, adequam-se aos espaços e aos lugares por eles ocupados, como sugerem Berger e Luckmann (1985). O segundo focaliza a linguagem como elemento mediador da construção da realidade e o trabalho de interpretação dos fatos, pelo sujeito, ao transformar a vida em texto narrativo. Para Bruner e Weisser (1995, p.142): "As 'vidas' são textos passíveis de "revisão, exegese, reinterpretação". Ao interpretar a vida não se nega um "texto" anterior, mas sua interpretação. O terceiro princípio sustenta que a pesquisa (auto)biográfica, antes de ser uma episteme, é um *posicionamento epistemopolítico*, como sugerem Pineau e Le Grand (1993). No centro de suas inquietações coloca-se a pessoa humana, acreditando-se nela e em sua capacidade de reflexão sobre si mesma. Não se busca obstinadamente a "verdade objetiva", pois se tem consciência de que a "realidade" passa, obrigatoriamente, pela mediação dos sistemas simbólicos, constitutivos do imaginário social, que é, por sua vez, subjetivado pelos indivíduos.

A pesquisa (auto)biográfica não tenta neutralizar a validade dos métodos científicos herdados, sua mirada epistemológica visa a superar uma concepção fragmentada do humano. As pesquisas são guiadas pelo *desejo* de considerar o que a pessoa pensa sobre ela e sobre o mundo, como ela dá sentido às suas ações e toma consciência de sua historicidade. O respeito ao sujeito como *agente* e *paciente* das interações sociais permite afirmar que essa postura em pesquisa alinha-se a uma mirada biopolítica do humano e exige, do pesquisador e do formador, a mesma postura ética.

Eixos de investigação da pesquisa (auto)biográfica

Os eixos de investigação, já mencionados, e seus direcionamentos oferecem parâmetros para situar os diferentes territórios da pesquisa (auto)biográfica e suas zonas de intersecção. O que desejo evidenciar é que em torno desses direcionamentos organizam-se os referenciais teóricos e metodológicos da pesquisa. Porém, antes de abordá-los, desejo tratar de uma questão que concerne também à multiplicidade de denominações relativas à materialidade dos suportes semióticos, utilizados pelo narrador, e aos modos de biografar-se.

Ao discutir aspectos teórico-metodológicos do uso de fontes autobiográficas no Brasil, Souza (2005) chama a atenção para essa flutuação terminológica, tanto no campo da História Oral, que se afirma entre nós nos anos 1980, quanto naquele da formação docente, que se inicia nos anos 1990. Expressões tais como: *histórias de vida; histórias de vida em formação; biografia educativa; relato de vida; narrativa de vida, memória, memoriais, autobiografias*... são usuais nas referências teóricas e precisam ser situadas em seu contexto. Para dar unidade a essa diversidade, tenho adotado duas denominações, suficientemente abrangentes: *narrativas (auto)biográficas* e *escritas de si*, que permitem incluir tanto a história de uma vida quanto fragmentos dela. E acolher os mais diversos suportes semióticos para contar fatos de uma vida, desde a língua natural (oral, escrita e de sinais) às expressões midiáticas e digitais (cinebiografia, fotobiografia, videografia, webgrafia... etc.), passando pelas linguagens dos gestos, imagens etc. Reservo a denominação *escritas de si* para os textos escritos pelos próprios autores, em língua natural (português, inglês, francês).

É, porém, importante lembrar que essa profusão de termos tem por finalidade singularizar cada tipo de escrita e eles continuarão a se multiplicar na medida em que se expande o uso dos gêneros autobiográficos nas diferentes esferas sociais. O repertório de narrativas (auto)biográficas, na contemporaneidade, em virtude das novas tecnologias tende a se expandir a se transformar, acompanhando as mutações sociais. Para Bakhtin (1992, p.279), "A riqueza e a variedade de gêneros do discurso são infinitas, pois a variedade virtual da atividade humana é inesgotável."

As narrativas (auto)biográficas como práticas de formação do adulto

Narrar é um processo autopoiético

Começo pelo eixo das práticas e o direcionamento da formação do adulto (professor, profissional, gestor...), que é o mais fecundo, no Brasil. A história do uso das narrativas (auto)biográficas como prática de formação data dos anos 1980, na Europa, e se insere no contexto da formação continuada de adultos, que (re)ingressam na universidade, em busca de reinserção profissional. A base teórico-metodológica desse eixo, entre nós, está originalmente vinculada às obras dos pioneiros mais representativos do movimento sócio-educativo das *histórias de vida em formação*: Gaston Pineau (1983, 1999, 2004, 2006ª, 2006b), Pierre Dominicé (2000, 2006, 2007, 2008), Marie-Christine Josso (2010), Nóvoa (1988, 1992, 1995).

Seu princípio orientador é que as narrativas autobiográficas propiciam um processo de *pesquisa-ação-formação*, e se realizam mediante o coinvestimento da pessoa em formação e do formador, no contexto institucional no qual essas narrativas são solicitadas e produzidas. A preocupação primordial é que elas sirvam, essencialmente, a quem escreve. Admite-se, como princípio, que as escritas de si, longe de comunicar o que já se sabe, constituem-se verdadeiros processos de descoberta. Essa dimensão heurística permite a quem escreve explicitar as experiências e transformar saberes implícitos em conhecimento (*pesquisa*). O narrador, ao redescobrir-se como ser aprendente, reinventa-se (*formação*). Nesse processo hermenêutico permanente de interpretação e reinterpretação dos fatos, o adulto reelabora o processo histórico de suas aprendizagens (*ação*). É nesse sentido que se pode falar de aprendizagem biográfica. (PASSEGGI, 2009).

Nos últimos anos, estreitaram-se as relações entre aprendizagem e reflexividade autobiográfica. Estamos longe da racionalidade técnica na formação do adulto profissional, dos métodos prescritivos com regras rígidas e das normas a serem observadas. Peter Alheit e Bettina Dausien (2006, p. 190), analisando as orientações da Comissão Europeia (OECD, 1996), a propósito da "aprendizagem ao longo da vida", defendem a hipótese de que toda a aprendizagem está ligada "ao contexto de uma biografia concreta". A busca de suas próprias estratégias e do caminho percorrido passa a fazer parte da vida do adulto em perpétua transformação. Ivor Goodson (2007) tem igualmente chamando a atenção sobre as noções de *aprendizagem narrativa* e de *capital narrativo* para sinalizar que toda aprendizagem é uma resposta a situações reais.

Todavia, é no campo aberto pelos pioneiros do movimento sócio-histórico das *histórias de vida em formação*, que se passou a investir concretamente, desde os anos 1980, na construção de uma *teoria da formação*, fundada na experiência existencial. Para Gaston Pineau (1999, p. 331) foi Henri Desroche (1990) quem primeiro estabeleceu os vínculos entre biografia e aprendizagem, no que chamou de *autobiografia refletida*, concebida como um retorno reflexivo do sujeito "sobre seu trajeto para construir um projeto de pesquisa-

-ação-formação". Nesse exercício de retorno sobre si, as aprendizagens formais, informais, não formais, que se realizam(ram) dentro e fora das instituições de ensino, são reavaliadas. É admissível que essa reflexão permita ao narrador compreender a ação das forças sociais sobre suas aprendizagens ao longo da vida e, eventualmente, tomar consciência das representações em torno delas e do que orienta sua ação no mundo.

É preciso guardar que nesse direcionamento todo o interesse da pesquisa (auto)biográfica é garantir condições ideais do retorno sobre si mesmo, para que o trabalho de autobiografar exerça a ação de reversibilidade sobre o pensamento de quem narra, transformando representações anteriores de si e do mundo da vida. Essa ação regressiva e progressiva é o que permite falar do "si mesmo" como um "eu refletido", reinventado pela ação de linguagem. De modo que mediante o uso de instrumentos semióticos (*grafias*), o eu (*autos*) toma consciência de si e ressignifica a vida (*bios*) para nascer de novo: autopoiese.

A narrativa (auto)biográfica como prática de formação do formador

Acompanhar é cuidar da pessoa que caminha para si

O uso das narrativas (auto)biográficas como prática de formação do adulto tem como corolário a formação do formador. *Como acompanhar a pessoa que escreve sobre si?* Cada vez que dialogamos com um auditório mais heterogêneo, ou mesmos nos cursos de formação de formadores, as questões colocadas em debate voltam-se, frequentemente, para os aspectos terapêuticos e psicanalíticos das escritas de si. A intimidade e a vulnerabilidade de quem narra apresentam-se como uma questão chave, temerosa e de risco. Esses questionamentos são, de fato, reveladores da necessidade de melhor explicitar os objetivos e a natureza do trabalho com as narrativas autobiográficas como uma ação educativa.

Na literatura referente às histórias de vida em formação encontrei, na noção de *acompanhamento*, um conceito chave para minhas pesquisas e orientação de estudos pós-graduados. Como sugere Pineau (1998), o acompanhamento é uma participação não diretiva, e se insere numa *ciência da mediação*, no dizer de Ferraroti (2010). Em meus estudos (Passeggi, 2006a, 2007, 2008a, 2008b, 2009), tenho procurado teorizar a noção de *mediação biográfica* como modo específico de acompanhamento na perspectiva da pesquisa (auto)biográfica. Trata-se de uma atividade prática, que pode ser exercida pelo formador, nas mais diversas áreas do conhecimento (saúde, educação, gerontologia, psicologia, sociologia clínica etc.), com o propósito de provocar mudanças desejáveis para a pessoa em formação e desejadas pelo sujeito. A mediação biográfica não significa ingerência ou interferência. Por ser *formativa*, a *intenção* de formar(se) é guiada pelo coinvestimento do formador e de quem se forma. Ela se define, sobremaneira, pela noção de *cuidado* e de respeito mútuo.

> O conceito de mediação biográfica inspira-se nos estudos de Vygotsky (1989, 1991) sobre a lei geral no desenvolvimento das funções psíquicas superiores, as quais se desenvolvem, através de uma série de microtransformações, ao longo do tempo e num duplo movimento. Um movimento de interação entre pessoas (interpsicológico), e um movimento de apropriação interna (intrapsicológico). O primeiro corresponderia a um saber-fazer com o outro, e o segundo a um saber fazer sozinho. Mas pouco se sabe ainda sobre os processos mediadores que operam a passagem de um movimento para o outro. A *mediação biográfica* pretende se situar na sequência dessa reflexão. O objetivo é melhor compreender as relações que se tecem entre o formador (mediador) e o adulto em formação e destes com a narrativa de vida ao longo do processo de escrita

autobiográfica. Nesse sentido, ela investiga o saber-fazer com o outro, *heteroformação*, e o saber-fazer sozinho, *autoformação*. (PASSEGGI, 2007)

É importante sinalizar que as funções do formador na *mediação biográfica* evoluem conforme o narrador vai avançando no processo de apropriação do ato de biografar-se (PASSEGGI, 2009). Nesse sentido, não se deve temer o *insciente*, mas, ao contrário, ajudar a quem narra a fazer um *zoom* sobre suas experiências para ter ciência do que sabe.

A preocupação com a formação do formador tornou-se central no seio do movimento sócio-educativo das *histórias de vida em formação*. Nos anos 1990, definiram-se os princípios éticos e deontológicos dessa prática na Carta da ASIHVIF. O primeiro deles é a exigência de que o próprio formador vivencie a experiência da escrita de si como prática da formação.

Nesse direcionamento da pesquisa (auto)biográfica, o objetivo é, pois, compreender como formar o formador. Propiciar-lhe conhecimentos sobre o fato biográfico e os processos de (auto)biografar. É inegável que a vida do adulto está irremediavelmente associada ao mundo do trabalho: situação de emprego, desemprego, ingresso, permanência ou aposentadoria. As pesquisas realizadas sobre narrativas de formação revelam que o narrador, ao tomar consciência de incoerências e discordâncias em seu percurso profissional, enfrenta crises identitárias profundas, vividas como um ponto de fragilidade. Questão estimulante para a formação do formador. Observa-se que, geralmente, entra em jogo o arquétipo do herói (que não conhece crises identitárias), o qual se opõe à concretude do seu ser existencial, sua complexidade e eventuais incoerências. É nesse sentido que trabalha Yves Clot (2002, 2006), no âmbito da psicologia do trabalho. Para Clot (2006, p.12), o trabalho "não é uma atividade entre outras". Ela exerce na vida pessoal do adulto uma função psicológica específica que incide sobre sua subjetividade e atividade profissional. Buscar compreender o comportamento do adulto em situação de formação está no âmago desse direcionamento.

É nesse sentido, que os achados da pesquisa autobiográfica sobre os modos de narrar auxiliam e são imprescindíveis para a formação do formador. Busco auxílio na perspectiva histórico-cultural, nos trabalhos de Vygotsky (1989, 1991, 1999), no interacionismo sócio-discursivo, desenvolvido por Bronckart (1999) e na Psicologia cultural, proposta por Bruner (1989, 1991, 1995, 1997, 1998, 2001, 2005), que oferecem contribuições pertinentes sobre o papel das narrativas no desenvolvimento humano. Parafraseando Bronckart (1999, p. 62), direi que é para enfrentar, ao mesmo tempo, as pressões do psiquismo insciente e as aporias da interpretação das ações, que a escrita de si propõe uma refiguração clarificada ou interpretável do eu.

As narrativas como ação humana inscrevem-se na história dos indivíduos desde a mais tenra idade e, é por essa razão que se pode admitir, com Delory-Momberger (2008, p.37), que o fato biográfico (autobiográfico) é uma "representação mental, pré-scriptural". Mas é no processo de narrar por escrito que ele se materializa e incide sobremaneira na constituição da subjetividade e nos processos de socialização. É importante lembrar, mais uma vez, que não são os fatos vividos, em si mesmos, que importam, mas a simbolização desses fatos pela ação das narrativas, sua circulação entre os membros do grupo, o modo como são contadas e recontadas para si mesmo e para o outro. É possível admitir com Bronckart (1999, p.62) que "é por meio da interpretação dos discursos narrativos que o funcionamento psíquico humano se expande, se enriquece e se reestrutura perpetuamente."

As narrativas (auto) biográficas como método e fonte de pesquisa

O sujeito é agente e paciente de interações sociais

O uso de fontes (auto)biográficas como método de pesquisa é o eixo de maior tradição. Esse terceiro direcionamento debruça-se sobre a história de vida do narrador, considerando-o como agente e paciente das interações sociais no meio social em que vive. Desde o início, é importante observar esse duplo estatuto do sujeito histórico-cultural, pois ele neutraliza a dicotomia sujeito-objeto/indivíduo-sociedade. O sujeito sofre as ações do meio no seu processo de socialização, inserção social, filiação a um grupo etc., mas, ele se torna, ao mesmo tempo, agente da ação capaz de intervir em seu meio para modificá-lo.

De um ponto de vista de estudos sociológicos, Arfuch (2007, p.180) lembra que o interesse pela voz dos agentes sociais acentua-se, no século XIX, quando a imprensa desperta para a importância do que acontece na cidade, que vai se transformando em "urbe ameaçadora". A crônica policial exigia a voz do testemunho presencial, de quem "estava ali" e vira com "os próprios olhos". A "História Oral", expressão utilizada por Barbey d´Aurevilly, em 1852, tem origem nessa busca da "história verdadeira": aquela que entrou pelos olhos e ouvidos de uma geração. A preocupação com "a verdade" não é alheia ao positivismo científico do século XIX. Nessa linha, a Escola de Chicago, no início do século XX, inaugura a pesquisa científica qualitativa com as *histórias de vida* que se torna um marco para desenvolvimentos posteriores, tanto por suas contribuições, quanto por suas limitações.

Na Escola de Chicago, conforme Coulon (2004), a sociologia americana de William Thomas, a filosofia pragmaticista de John Dewey e o interacionismo simbólico de George Mead articulam-se e se influenciam mutuamente, em defesa do fato social como uma combinação íntima de valores coletivos e de atitudes individuais. Daí o interesse pelos documentos pessoais, cartas, diários íntimos, histórias de vida, entrevistas biográficas.

Esquecidas durante 30 anos (1940-1970), as narrativas de vida ressurgem na Europa, no momento de ruptura com os grandes paradigmas, a partir dos anos 1970. O trabalho de Bertaux (2010), realizado na perspectiva etnossociológica, focaliza o artesão padeiro como um grupo social. O pesquisador faz uso de entrevistas a partir da questão central: *Como você se tornou padeiro?* para descrever, em seguida, as práticas sociais do grupo e da padaria artesanal. A grande contribuição de Ferraroti (2010) para a renovação das histórias de vida em sociologia é a de situá-las numa perspectiva crítica. Para o sociólogo italiano, as histórias de vida não servem para ilustrar hipóteses ou teorias. Elas são o método.

Não se trata, pois, de negar ou de relegar a subjetividade e a historicidade do mundo narrado pelos indivíduos, mas admitir como legítima a possibilidade de ler uma sociedade mediante uma única biografia. Pois uma pessoa totaliza um sistema social, é nesse sentido que ela é "universal singular".

Neste segundo eixo, encontram-se as pesquisas educacionais voltadas, por exemplo, para a "verdadeira história" da Educação, a que foi vista, ouvida e vivida por seus protagonistas: educadores, intelectuais, professores, profissionais de notório saber, alunos, gestores... Dessas fontes emergem temas de interesse para os fundamentos da Educação – Psicologia Educacional, Sociologia da Educação, Filosofia, Antropologia. Inspiração para as Práticas Educacionais – Estágios, Prática de Ensino, Metodologia da pesquisa... Pois, as narrativas (auto)biográficas fornecem um material precioso para a investigação, desde que seus autores cedam o material por eles produzido. Esse material conduz a profusão de temas relacionados a *processos identitários; questões de gênero; inserção/inclusão/exclusão social; stress laboral; estratégias de filiação; modos de aprender; formas de ser...* e poderia seguir enumerando as temáticas humanas que emergem dessas fontes de vida narradas. Nesse sentido, os referenciais teóricos devem ser buscados no campo de investigação próprio ao que é tematizado.

Os métodos de recolha de dados são múltiplos e dependem de sua pertinência para o objeto de estudo e interesses do pesquisador, que pode preferir utilizar fontes documentais encontradas em arquivos, institucionais ou pessoais, ou a produção de material autobiográfico recorrendo a entrevistas narrativas, individuais ou em grupo (gravadas em áudio e/ou em vídeo); solicitar que escrevam sua história de vida, etc. Incluem-se aqui processos de discussões em grupos, nos quais os participantes motivam-se a complementar as informações do outro, rever seus pontos de vistas, etc. Pode-se adaptar para a pesquisa autobiográfica a dinâmica de grupos de discussão, trabalhados por Weller (2006), ou a dos grupos focais, descritos por Gatti (2005), ou, ainda, dos grupos reflexivos em ateliês de escrita autobiográfica, propostos por Passeggi (2008b), nos quais procuro adequar os princípios deontológicos, descritos por Pineau (2006, p. 57), preconizados pela Carta da ASIHVIF.

As perspectivas da abordagem histórico-cultural, proposta por Vygotsky (1991, 1989) e seus seguidores Bruner (1997, 2005), Bronckart (1999) ou Yves Clot (2002) são ricas em pistas de investigação para apreender as formas como as pessoas se interrogam sobre a construção permanente de si mesmo, de sua relação com o trabalho, com o outro no mundo da vida. Em todos os casos, as pesquisas voltam-se, aqui, para a compreensão dos fatos narrados pelas pessoas como protagonistas da história de si no contexto da história do seu tempo e do seu lugar. A apropriação da história social como história pessoal não seria apenas o objeto da pesquisa (auto)biográfica, mas seu método.

A narrativa (auto)biográfica: modos de dizer/(auto)biografar

Narrar é humano! (Auto)Biografar é um processo civilizatório

É evidente que as pessoas estão constantemente elaborando autobiografias involuntárias, como sugere Saramago (2008), e que vão fazendo rascunhos de si mesmas, (re)construindo-se, incessantemente, no monólogo interior, no diálogo com o outro. Desde a mais tenra idade, a criança faz uso das narrativas para rememorar seu dia, obter favores, perdão, carinho... como sugerem Bruner e Weisser (1995). Os velhos rememoram suas vidas para prolongar seus dias, seus diálogos com o outro, vencer a solidão. Jovchelovitch e Bauer (2002, p. 91) lembram as palavras de Barthes sobre a narrativa como um fenômeno antropológico: a narrativa está simplesmente ali como a própria vida, a ponto de confundir-se com ela. A função social da narrativa, acrescenta Bruner (1997, p. 50), "é encontrar um estado intencional que atenue ou pelo menos torne compreensível um afastamento do padrão cultural canônico". A narrativa serve para justificar, mesmo o injustificável, e chegar com ela ao equilíbrio perdido. Contar a sua história significa, assim, dar forma ao que antes não tinha.

Todavia, para que os rascunhos de si se tornem visíveis aos olhos do seu autor, eles necessitam da mediação de instrumentos semióticos, para tomar corpo e se objetivar. A vida transformada em texto é passível de interpretações mais acuradas, pois é sobre o texto que se praticam, sem cessar, novas e permanentes exegeses.

Cada esfera social, como lembra Bakhtin (1992), tem um repertório gráfico, que evolui conforme evoluem essas esferas, as quais têm o poder de sancionar, exaltar, criar, valorizar modos de dizer e de narrar. O narrador-autor-personagem deve adequar sua história a esses padrões, mesmo transgredindo-os. Na atividade de narrar, a pessoa busca a expressão mais precisa para dar sentido aos fatos. Uma vez materializada, como sugere Bakhtin/Volochínov (1995, p. 118), a narrativa

> exerce um efeito reversivo sobre a atividade mental: ela põe-se então a estruturar a vida interior, a dar-lhe uma expressão ainda mais definida e mais estável. Essa ação reversível da expressão bem formada sobre a atividade mental (isto é, a expressão interior) tem uma importância enorme que deve ser considerada.

É nesse sentido que se inscrevem as pesquisas nesse direcionamento. Trata-se de investigar modos de textualizar a vida: oralmente, por escrito, em imagens... Os processos de textualização, retextualização da vida, sugerem temas de investigação sobre sua materialidade, suas esferas de produção e recepção, sua historicidade na história de uma instituição etc. Investiga-se como se dá o trabalho hermenêutico de (re)interpretação da vida, pelo "eu" que se interroga, mediado pelos instrumentos semióticos, entre os quais as línguas naturais. Entram aqui em jogo: *a memória e o esquecimento no processo de reflexão; a construção da identidade; a interação com o outro e com a esfera social na qual a escrita de si se realiza; o papel da linguagem e suas condições de produção na constituição da consciência histórica; a relação com a esfera social na qual e para qual se escreve; a subjetividade; intersubjetividade; textualização e retextualização; intertextualidade; interpretação* etc., etc., etc.

Os trabalhos realizados nesse direcionamento são imprescindíveis para as práticas de formação. Por essa razão, tento reunir nesse eixo o estudo das diversas modalidades de textos autobiográficos utilizados no ensino superior, conforme sinalizado por Passeggi, Barbosa e Câmara (2008). Os gêneros discursivos autobiográficos tornam-se objeto de pesquisa: *entrevistas narrativas, entrevistas de explicitação biográfica, memoriais acadêmicos, ensaios autobiográficos, memoriais de formação, relatórios, diário íntimo, diário de campo, autobiografia alimentar, cartas, portfólios, autobiografias...* O interesse da pesquisa (auto)biográfica nesse direcionamento é voltar-se, portanto, para a natureza dos suportes semióticos da narrativa; investigar modos de traduzir/criar memórias numa matriz semiótica culturalmente herdada, socialmente estruturada em função de parâmetros culturais, institucionais, éticos e estéticos. Trata-se, enfim, de compreender o processo de (auto) biografar-se mediado pela linguagem, assim como suas implicações sobre a pessoa que narra.

Uma fonte de inspiração à qual recorro é a tríplice mimese, proposta por Ricoeur (1997): Mimese I: *prefiguração* do tempo; Mimese II: *configuração* do tempo; Mimese III: *refiguração* do tempo, de si, da vida. Os estudos lapidares do autor orientam as indagações sobre os processos de reinvenção de si. Esse último direcionamento circunscreve as potencialidades da narrativa (auto)biográfica como fenômeno discursivo, cultural e antropológico: "*Narrar é humano! Autobiografar é um processo civilizatório.*"

Para não concluir

A tematização aqui esboçada, em linhas gerais, teve como propósito desenhar um mapa aproximado dos quatro direcionamentos de investigação, sugeridos por dois eixos da pesquisa (auto)biográfica: o eixo das práticas de formação e o eixo dos métodos e dos modos de biografar(se). O propósito foi colocar em debate questões teóricas, métodos e princípios epistemológicos, com o intuito de contribuir para demarcar o campo da pesquisa (auto)biográfica em Educação, interrogar pontos de convergência, visualizar horizontes e, por esse viés, fomentar o diálogo entre os grupos de pesquisa, que têm a preocupação comum com o *(auto)biográfico* como fenômeno discursivo, cultural e antropológico; como fonte e método de investigação; como prática de pesquisa-ação-formação e, finalmente, como procedimento de intervenção educativa, que se realiza pela mediação biográfica, na interação formador/narrador.

Esses eixos necessitam ser aprofundados, explicitados, ilustrados, enriquecidos. Como primeiro desenho, eles nos parecem válidos por permitir a inclusão das diversas correntes que trabalham na mesma direção, em diversas áreas que auxiliam a investigação nos estudos pós-graduados em Educação: Sociologia, Sociologia Clínica, Etnometodologia, Literatura, Filosofia, Artes, Educação Ambiental, Educação e Saúde, Psicologia Social, Psicologia, Nutrição, Etnografia, Representações Sociais...

Entendemos que para formar uma rede internacional de pesquisa (auto)biográfica é importante que os trabalhos se fundamentem teoricamente em princípios epistemológicos, teóricos e métodos e que possam ser discutidos e avaliados pela comunidade científica. Mas, me parece ainda que essa comunidade de pesquisadores (auto) biográficos assume, em seus estudos, antes de tudo, uma perspectiva epistemopolítica do sujeito e da imensa "biblioteca do existir humano". Percebo que no percurso intelectual desses muitos pesquisadores com os quais tive e tenho o prazer de conviver é essa visão humana do ser em devir, pleno de possibilidades, que os conduz em suas atividades de pesquisa. Em meu percurso, fui também elaborando um programa de investigação que não me cabe cumprir, mas que permanece no meu horizonte à guisa de desejo manifesto.

Admito que a reflexividade autobiográfica é mediadora da consciência histórica das aprendizagens e promotora de inflexões enriquecedoras para o sujeito no mundo da vida. Quero crer que compete a cada um debruçar-se sobre sua historicidade para compreender como vão acontecendo os processos de trans.formação permanente: os das representações de si e do outro, e o das representações das coisas nas paisagens e o das paisagens sobre as coisas.

Formar-se é levar a sério a reversibilidade do trabalho de reflexão sobre si mesmo, realizado no processo de autobiografização.

A mediação biográfica se enriquece pelo coinvestimento e ajuda solidária na construção do sentido. Ela se fortalece na crença de que, o retorno sobre si torna o sujeito consciente do seu poder e do poder e do querer do outro sobre sua vida e, por esse viés, a reflexividade autobiográfica constitui-se um processo emancipador, provocador do desejo de cuidar melhor de si e do outro.

O reconhecimento dos seres humanos como pessoas plenas de possibilidades ainda não realizadas, antes de ser um posicionamento epistemológico, é um engajamento ético.

Essa percepção faz evoluir a ideia intimista da subjetividade, geralmente atribuída às escritas autobiográficas, para uma visão histórico-cultural do sujeito.

Referências bibliográficas

ALHEIT, P.; DAUSIEN, B. Processo de formação e aprendizagem ao longo da vida. *Educação e Pesquisa*, São Paulo, v.32, nº1, p. 177-197, jan./abr. 2006.

ARFUCH, L. *El espacio biográfico. Dilemas de la subjetividad contemporánea*, Buenos Aires: Fondo de cultura económica, 2007.

BAKHTIN, M. *Estética da criação verbal*. Trad. Ermantine Galvão. São Paulo: Martins Fontes, 1992.

BAKHTIN, M./VOLÓCHINOV, V.N. *Marxismo e filosofia da linguagem*. São Paulo: Editora Hucitec, 1995.

BERGER, P. & LUCKMANN, T. *A construção social da realidade*. Petrópolis, RJ: Vozes, 2002.

BERTAUX, D. *Narrativa de vida. A pesquisa e seus métodos*. São Paulo: PAULUS; Natal, RN: EDUFRN, 2010.

BOURDIEU, P. *Esboço de auto-análise*. São Paulo: Companhia das Letras, 2005.

_____. (Coord.) *A miséria do mundo*. Petrópolis, RJ: Vozes, 5ª ed. 2003.

_____. A ilusão biográfica. In: FERREIRA, M. de M.; AMADO, J. (orgs.) *Usos & abusos da história oral*. Rio de Janeiro: Fundação Getulio Vargas, 1996, p.183-191.

BRONCKART, J-P. *Atividades de Linguagem. Textos e discursos. Por um interacionismo sócio-discursivo.* São Paulo: EDUC, 1999.

BRUNER, J. *Pourquoi nous racontons-nous des histoires?* Paris: Retz; Poket, 2005

_____. *A cultura da Educação.* Porto Alegre: Artmed, 2001.

_____. *Atos de significação.* Porto Alegre: Artes Médicas, 1997.

_____.... *car la culture donne forme à l´esprit: de la révolution cognitive à la psychologie culturelle.* Paris: Georg Eshel, 1991.

BRUNER, J.; WEISSER, S. A invenção do ser: A autobiografia e suas formas. In: OLSON, D.R.; TORRANCE, N. *Cultura escrita e oralidade.* São Paulo: Ática, 1995, p. 141-161.

CLOT, Yves (org). *Avec Vygotski.* Paris: La Dispute, 2002.

_____. *A função psicológica do trabalho.* Petrópolis, RJ: Vozes, 2006.

DELORY-MOMBERGER, C. Os desafios da pesquisa biográfica em Educação. Trad. Lívia Fialho Costa. In: SOUZA, E.C. (Org.) *Memória, (auto)biografia e diversidade: questões de método e trabalho docente,* Salvador: EDUNEB, 2010 (no prelo)

_____. *La condition biographique. Essais sur le récit de soi dans la modernité avancée.* Paris: Téraèdre, 2009.

_____. *Biografia e Educação. Figuras do indivíduo-projeto.* Trad. Mª C. Passeggi, João G.Silva Neto, L.Passeggi, São Paulo: PAULUS; Natal, RN: EDUFRN, 2008.

DESROCHE, H. *Entreprendre d'apprendre.* Paris : Les Editions ouvrières, 1990.

DOMINICÉ, P. Biografização e mundialização : dois desafios contraditórios e complementares. In : In: PASSEGGI, M.C.; SOUZA, E.C. (Org.) *(Auto)Biografia: formação, territórios e saberes.* São Paulo: PAULUS; Natal: EDUFRN, 2008, p. 25-46.

_____. A formação de adultos confrontada pelo imperativo biográfico. In: *Educação e Pesquisa,* São Paulo, v.32, nº 2, p.345-358, maio/ago. 2006a.

_____. *La formation biographique.* Paris: L'Harmattan, 2007.

_____. *L´histoire de vie comme processus de formation.* Paris: L'Harmattan, 2000.

FERRAROTTI, F. Sobre a autonomia do método biográfico. In : NÓVOA, A. e FINGER, M. (Org.). *O método (auto)biográfico e a formação.* Natal: EDUFRN; São Paulo: PAULUS, 2010.

GOODSON, Ivor. Currículo, narrativa e o futuro social. *Revista Brasileira de Educação*, Rio de Janeiro, ANPEd, v. 12, nº 35, p. 241-252, maio/ago., 2007.

GUSDORF, G. *Lignes de vie 2. Auto-bio-graphie*. Paris: Odile Jacob, 1991

JOSSO, M-C. *Experiência de vida e formação*. Natal: EDUFRN; São Paulo: PAULUS, 2010.

JOVCHELOVITCH, S.; BAUER, M.W. A entrevista narrativa. In: BAUER, Martin W.; GASKELL, George. *Pesquisa Qualitativa com texto, imagem e som*. 2ª ed. Rio de Janeiro: Vozes, 2002, p. 90-113.

NÓVOA, A. (Coord.) *Os professores e sua formação*. Lisboa: Publicação Dom Quixote, 1992.

_____. (Org.). *Profissão professor*. 2ª ed. Porto: Porto Editora, 1995.

NÓVOA, A. e FINGER, M. (Org.). *O método (auto)biográfico e a formação*. Natal: EDUFRN; São Paulo: PAULUS, 2010.

PASSEGGI, M.C. Parcours de vie et symbolisation du travail biographique. In: DELORY-MOMBERGER, C.; SOUZA, E.C. (Org.) *Parcours de vie, apprentissage biographique et formation*. Paris: Téraèdre, 2009, p. 49-62.

_____. Memoriais: injunção institucional e sedução autobiográfica. In: PASSEGGI, M.C.; SOUZA, E.C. (Org.) *(Auto)Biografia: formação, territórios e saberes*. São Paulo: PAULUS; Natal: EDUFRN, 2008a, p. 103-132.

_____. Mediação biográfica: figuras antropológicas do narrador e do formador. In: PASSEGGI, M.C.; BARBOSA, T.M. N. (Org.) *Memórias, memoriais: pesquisa e formação docente*. São Paulo: Paulus; Natal: EDUFRN, 2008b, p. 43-59.

_____. *Relatório do III Congresso Internacional sobre Pesquisa (Auto) Biográfica*. Prestação de contas financiamento CAPES/CNPq, UFRN, 2008c.

_____. *A mediação biográfica. Acompanhar adultos em processos-projetos de si*. In: Portal do Envelhecimento, Espaço memória, 2007, acesso em 10/04/2010.

http://www.portaldoenvelhecimento.net/memoria/memoria21.htm

_____. A formação do formador na abordagem autobiográfica. A experiência dos memoriais de formação. In: SOUZA, E.C. *Pesquisa (auto) biográfica. Tempo, narrativas e ficções: a invenção de si*. Porto Alegre: EDPUCRS; Salvador: EDUNEB, 2006, p.203-218.

PASSEGGI, M. C., BARBOSA, T.M.N., CAMARA, S.X. Gêneros acadêmicos autobiográficos: desafios do GRIFARS. In: SOUZA, E.C; PASSEGGI, M. C.(Org.) *Pesquisa (auto)biográfica: cotidiano, imaginário e memória*. São Paulo: PAULUS; Natal: EDUFRN, 2008, p. 57-89.

PINEAU, G. As histórias de vida como artes formadoras da existência. In: SOUZA, E. C.; ABRAHÃO, M. H. M. B. (Org.). *Tempos, narrativas e ficções: a invenção de si*. Porto Alegre: EDIPUCRS; Salvador: EDUNEB, 2006a, p.41-59.

_____. As Histórias de vida em formação: gênese de uma corrente de pesquisa-ação-formação existencial. *Educação e Pesquisa*, São Paulo, v. 32, nº 2, p. 329-343, maio/ago, 2006b.

_____. *Temporalidades na formação. Rumo a novos sincronizadores*. São Paulo: Trion, 2004.

_____. Experiências de aprendizagem e histórias de vida. In : CARRÉ, Philippe; CASPAR, Pierre. *Tratado das ciências e das técnicas da formação*. Lisboa: Instituto Piaget, 1999, p. 327-348.

_____. (Ed.) *Accompagnement et histoire de vie*. Paris: L'Harmattan, 1998.

PINEAU, G.; LE GRAND, J.-L. *Les Histoires de vie*. Paris: PUF, 1993.

PINEAU, G.; Michèle, M. *Produire sa vie. Autoformation et autobiographie*. Paris: Saint-Martin, 1983.

RICOEUR, P. *Tempo e Narrativa*, T. I. Campinas, SP: Papirus, 1997.

SARAMAGO, J. Biografias, em *O caderno de Saramago*, 22 de setembro de 2008, http://caderno.josesaramago.org (acessado em 12 de outubro de 2008, grifo nosso).

SOUZA, E. C. A arte contar e trocar experiências: reflexões teórico-metodológicas sobre história de vida em formação. In: *Educação em Questão*, Natal, v.25, nº11, p. 22-39, jan./abr. 2006.

STEPHANOU, M. Jogo de memória nas esquinas dos tempos: territórios e prática da pesquisa (auto)biográfica na pós-graduação em Educação no Brasil. In: SOUZA, E.C. de; PASSEGGI, M.C. (Org.) *Pesquisa (auto)biográfica: cotidiano, imaginário e memória*. São Paulo: PAULUS, Natal: EDUFRN, 2008, p.19-53.

VYGOTSKY, L. S. *Teoria e método em psicologia*. Trad. C. Berliner, São Paulo: Martins Fontes, 1999.

_____. *Pensamento e linguagem*, São Paulo: Martins Fontes, 1991.

_____. *A Formação social da mente*, São Paulo: Martins Fontes, 1989.

Pesquisa histórico-sociológica, memórias e educação: das autobiografias às histórias de vida

Zeila de Brito Fabri Demartini

Introdução

A construção e análise de narrativas são constituintes do ofício do cientista social; na Sociologia, a utilização de autobiografias e histórias de vida já é debatida no Brasil pelo menos desde a primeira metade do século XX. Entretanto, o retorno ao biográfico ocorrido a partir dos anos de 1970 inseriu-se em outro momento da produção do conhecimento científico e a discussão sobre as questões de ordem conceitual e metodológica que acompanham o uso de biografias na produção do conhecimento sociológico intensificou-se. As metodologias qualitativas, por romperem com as formas tradicionais de pesquisa, aproximaram os pesquisadores das pessoas; nesse processo, ocorreu a valorização do singular, dos relatos pessoais – os sujeitos ganharam vida, suas memórias ganharam força. As pesquisas que desenvolvemos sobre questões educacionais, em São Paulo, pautaram-se por essas preocupações: um novo olhar sobre os sujeitos envolvidos e sobre as fontes pesquisadas. Nas mesmas, tanto as narrativas escritas na forma de autobiografias, como as construídas a partir de entrevistas realizadas sob a forma de histórias de vida permitiram levantar novas questões, especialmente sobre as relações entre diferentes grupos da população e a educação. No questionamento de situações pretéritas, a análise de autobiografias e de relatos orais foi fundamental; as memórias de educadores e de alunos que passaram por vivências educacionais, em diferentes contextos, evidenciam que as narrativas (auto)biográficas são produzidas pelos sujeitos (e seus grupos) sempre relacionadas a determinados tempo e espaço.

Pesquisa histórico-sociológica: o retorno ao biográfico

Neste texto discutimos questões que nos acompanham há muito tempo na pesquisa sociológica sobre questões educacionais: a utilização de fontes diferenciadas e complementares no processo de investigação. Tratamos das autobiografias e histórias de vida, isto é, procuramos destacar como as memórias dos sujeitos são importantes na construção do conhecimento histórico-sociológico sobre os diferentes aspectos do campo educacional.

Como já escrevemos em outros textos (DEMARTINI, 2001, 2005), a aproximação entre a Sociologia e a História (FERRAROTTI, 1996, QUEIROZ, 1994) para o estudo de representações e modos de vida passados contribuíram para a revalorização dos documentos pessoais, dentre os quais as autobiografias, cartas, diários etc., permitindo novos olhares sobre as mesmas temáticas. Da mesma forma, também os diálogos mais recentes entre a sociologia e a literatura estimularam a análise de romances e dos escritos autobiográficos nas pesquisas mais recentes. Como escreveu Maria Isaura Pereira de Queiroz, em 1976, a utilização da literatura marcou a produção sociológica em seus primórdios; destaca sua utilização por Sílvio Romero (final do século XIX), Gilberto Freyre e Roger Bastide (QUEIROZ, 2008a, p. 157). A pesquisadora conclamava os sociólogos a uma reaproximação a essa fonte que havia sido deixada de lado e criticava o não-uso dos romances nas pesquisas:

> Diante do desdém de que têm sido vítimas, é necessário chamar de novo a atenção para documentos cuja vivacidade, colorido e sabor permitem uma penetração muito mais a fundo na vida d'antanho (QUEIROZ, 2008b, p. 167).

Reflexões dessa natureza impulsionaram a retomada da abordagem biográfica, que ocorreu a partir dos anos 1970, permitindo o "retorno ao sujeito" (CHIRICO, 1992) e às suas produções, trazendo novas perspectivas na construção e análise das narrativas (DEMARTINI, 2007).

Memórias, Imigração e Educação

Considerando a amplitude do tema, focalizamos as memórias de/sobre imigrantes que vieram para o estado de São Paulo (Brasil), no século XIX e início do XX.

O campo educacional paulista foi profundamente marcado pelo fenômeno migratório; desde meados do século XIX começaram a entrar nesse estado grandes levas de imigrantes vindos de diferentes regiões do mundo (IANNI, 1967). No século XIX chegaram, inicialmente, muitos alemães, italianos e portugueses, ao lado de povos de outras origens. No século XX, continuaram entrando imigrantes dessas origens, mas também se iniciou a imigração oriental, com a grande entrada de japoneses, a partir de 1908 (BASSANEZI, 1996). De modo geral vieram tentando superar dificuldades em seus contextos de origem, com aspiração de ascensão econômica e, para muitos, com visualização de retorno às regiões de origem. As memórias obtidas sob a forma de autobiografias e de histórias de vida constituem-se como documentos importantes para a compreensão das relações estabelecidas pelos imigrantes no campo educacional. Permitem, também, visualizar as formas como eram encarados os negros escravos e descendentes com relação ao processo educacional.

As memórias de imigrantes foram inicialmente utilizadas na tentativa de desvendar aspectos que para nós eram obscuros na história da educação de grupos sociais que constituíram a população do meio rural paulista, muito diferenciados entre si: negros escravos, negros libertos, imigrantes europeus, trabalhadores livres nacionais e fazendeiros. Quando iniciamos nossos estudos intrigava-nos a observação genérica de estudiosos sobre as relações estabelecidas pelos moradores desse meio com a educação escolar: a eles era atribuído um não interesse pela educação, observação essa pautada, geralmente, no fato de que para o tipo de trabalho que desenvolviam o conteúdo da escola não seria necessário. Foi questionando essa problemática que procuramos explorar fontes então pouco usuais para as análises histórico-sociológicas desses períodos mais remotos (DEMARTINI, 1979). Não fizemos restrições a fontes de natureza diversa: usamos documentos oficiais, jornais, romances de ficção, autobiografias, cartas e outros; num segundo momento, também as histórias de vida de educadores e imigrantes de diferentes grupos.

É sobre tais fontes menos usuais que chamamos a atenção nesse texto: as autobiografias, as cartas e as histórias de vida. Podemos considerá-las como "escritas de si" constituídas do que chamamos de abordagens biográficas, nas Ciências Sociais. (BERTAUX, 1980, CHIRICO, 1992)

As memórias de educadores nas autobiografias, cartas e histórias de vida

Nas reflexões sobre imigração já é clássico o estudo de Thomas e Znaniecki (1927), em que recorreram às correspondências dos imigrantes poloneses para uma análise detalhada de suas vivências. Esse trabalho tornou-se referência para os pesquisadores que trabalham com a temática da imigração, estimulando-os a buscarem fontes documentais ainda pouco exploradas para apreensão de diferentes dimensões do processo migratório e das especificidades de cada grupo imigrante, em diferentes contextos e períodos históricos.

A temática da educação, entretanto, ainda é pouco trabalhada entre as pesquisas que abordam os imigrantes; tais estudos se referem geralmente ao próprio processo migratório e à inserção dos sujeitos no mundo do trabalho e na sociedade de adoção. A dimensão educacional, embora presente nas memórias dos imigrantes, ainda não mereceu uma reflexão sistematizada que pudesse evidenciar toda a variedade de situações vivenciadas. Já procuramos, em outros textos, chamar a atenção para essa questão, que, parece-nos, é importante para a compreensão dos próprios grupos e, mais ainda, para o conhecimento do sistema educacional paulista, cuja história foi construída pelo viés do ensino público. As fontes produzidas pelos/com os próprios sujeitos podem, a nosso ver, contribuir para a ampliação dos conhecimentos e dos debates. Para tanto, recorremos aqui a algumas delas, produzidas em momentos distintos:

— autobiografias de imigrantes que atuaram como educadores: uma, de Thomas Davatz, mestre-escola da colônia de Ibicaba, aonde chegou, vindo da Suíça, em 1856; outra, de Raimundo Pastor, imigrante espanhol que veio no início do século XX trabalhar, com sua família, em fazenda no interior de São Paulo;
— cartas de uma educadora alemã, Ina von Binzer, que também trabalhou no interior de São Paulo, ainda no final do Império;
— histórias de vida de educadores e imigrantes de São Paulo, no início do século XX.

Esclarecemos aqui o que entendemos por autobiografias, cartas e histórias de vida. Para tanto, apoiamo-nos em Queiroz, que nos orientou nas pesquisas em que recorremos a estas fontes:

> Narrar sua própria existência consiste numa autobiografia, e toda história de vida poderia, a rigor, ser enquadrada nessa categoria tomada em sentido lato. Mas no sentido restrito a

> autobiografia existe sem nenhum pesquisador, é essa sua forma específica. É o narrador que, sozinho, manipula os meios de registro, quer seja a escrita, quer o gravador. Foi ele também que, por motivos estritamente pessoais, se dispôs a narrar sua existência, fixar suas recordações; deu-lhes o encaminhamento que melhor lhe pareceu e, se utilizou o gravador, não raro ele mesmo efetua em seguida a transcrição, ou pelo menos a corrige. Na autobiografia não existe, ou se reduz ao mínimo, a intermediação de um pesquisador; o narrador se dirige diretamente ao público, e a única intermediação está no registro escrito, quer se destine ou não o texto à publicação.
>
> A biografia, por sua vez, é a história de um indivíduo redigida por outro; existe aqui a dupla intermediação que a aproxima da história de vida, consubstanciada sua presença do pesquisador e no relato escrito que sucede às entrevistas. O objetivo do pesquisador é desvendar a vida particular daquele que está entrevistando ou cujos depoimentos está estudando; mesmo que neste estudo atinja a sociedade em que vive o biografado, o intuito é, através dela, explorar os comportamentos e as fases da existência individual (QUEIROZ, 1991, p. 9).

As cartas de Ina von Binzer, escritas para sua amiga alemã podem, nesse sentido, ser consideradas como escrita autobiográfica.

Autobiografias e cartas: as memórias de imigrantes que atuaram como educadores

De modo geral, os estudiosos da educação concordam com o fato de que, até o final do século XIX, o ensino no Brasil e em São Paulo era elitista. Durante o período em que Portugal dominou o território brasileiro, poucos foram os investimentos no campo educacional, ficando a população residente nas cidades, vilas e na zona rural na dependência de suas próprias providências, para ter acesso a algum tipo de educação mais sistematizada (AZEVEDO, 1963, LEMME, 1959; CARVALHO MENEZES, 1974, DEMARTINI, 1979). Com a Independência, a situação não se alterou muito.

Embora se constatasse uma expansão da instrução primária na Província de São Paulo (AZEVEDO, 1963, p.586), as escolas se multiplicavam apenas nas cidades, povoados ou vilas. Segundo informações do Anuário de Ensino de 1936-1937, apenas no início do século XX é que haviam surgido efetivamente algumas escolas rurais, apesar de algumas reformas de ensino fazerem referências a escolas ambulantes para bairros agrícolas. É preciso chamar a atenção para este fato geralmente não destacado por muitos estudiosos da educação entre nós: o da inexistência de escolas no meio rural nesta época – embora aí residissem cerca de 90% da população (DEMARTINI, 1979).

As autobiografias e as cartas referem-se, em grande parte, ao meio rural não atendido pelo poder público quanto à disponibilização de escolas e professores, e sobre o qual se constituiu uma representação de que, para a população aí residente, a educação escolar não era necessária, nem havia interesse da mesma por tal ensino. É preciso lembrar, entretanto, que existiam em São Paulo, desde tempos antigos, alguns níveis sociais diversos: o dos fazendeiros possuidores de escravos que, a partir de 1850 e principalmente depois de 1888, passaram a ter em suas fazendas "colonos", "parceiros"; o dos sitiantes independentes, proprietários de direito ou de fato, cultivando a terra em regime de trabalho autônomo com mão-de-obra familiar; e a camada realmente inferior, sem terra e sem autonomia de trabalho, os escravos, que existem até 1888. Não são comuns dados sobre a distribuição da população conforme estes níveis. As estatísticas disponíveis separam geralmente a população escrava, de um lado, e a população livre, de outro, sem oferecer critérios para se verificar a diversidade social existente no interior das mesmas. Também parece difícil localizar documentos caracterizando a escolarização de cada uma destas camadas considerando-se, ainda, que uma delas, a da população livre de sitiantes, foi por muito tempo deixada de lado pela maioria dos estudos. Mas vejamos o que foi possível observar considerando a documentação citada.

Com relação à camada dos fazendeiros, a falta de escolas no meio rural não os impedia de proporcionarem uma educação razoável aos filhos; quando não contratavam professores particulares que ministravam as aulas nas próprias sedes das fazendas, eram os filhos enviados para colégios e escolas superiores, a fim de se aprimorarem nos estudos. Segundo Fernando de Azevedo (1963), os estudantes vinham da elite da sociedade – do patriciado rural ou daquela burguesia que procurava ascender às camadas superiores; dirigiam-se às aulas e aos ginásios, e daí, às escolas das profissões liberais e, especialmente, às Faculdades de Direito, embora se saiba que neste período a instrução, mesmo entre os filhos de fazendeiros, parecia privilégio do sexo masculino.

Nas cartas escritas por Ina von Binzer, educadora alemã que viveu na zona rural do Estado de São Paulo de 1881 a 1883, ficou explícita a preocupação dos fazendeiros paulistas em educar seus filhos, para tanto contratando até mestres estrangeiros. As cartas foram publicadas em português em forma de livro pela Editora Anhembi, em 1956. No prefácio da primeira edição o historiador Paulo Duarte já observava:

> É o título de um dos mais curiosos livros de "brasiliana" publicado no século passado, tão rico de obras interessante sôbre o Brasil. Trata-se de uma edição alemã, de mil oitocentos e oitenta e tantos, na qual é narrada a vida de uma professora alemã que viveu na fazenda de uma das velhas famílias de S. Paulo e outros lugares daqui e do Rio. O livro jamais foi traduzido para o português, e ANHEMBI o publicou pela primeira vez, graças à tradução de d. Alice Rossi e Luisita da Gama Cerqueira, que prestam êste serviço aos estudiosos do Brasil e de Portugal, oferecendo-lhes, em nossa língua, um curiosíssimo depoimento da vida patriarcal do século passado, como aliás

> diz bem o prefácio que acompanha esta tradução, feito por Yan de Almeida Prado, cuja autoridade no assunto não é preciso salientar. Os leitores verão se temos razão ao falar da importância desta "brasiliana" (BINZER, 1956, p.11).

Em São Paulo, a educadora encontrou várias colegas na profissão, que residiam junto às famílias dos proprietários, nas fazendas de café ou nas cidades. Também é interessante observar que o trabalho desenvolvido pela educadora junto aos filhos dos fazendeiros era bastante intenso, contrariamente ao que ele esperara encontrar no Brasil; em suas próprias palavras:

> Eles querem engolir cultura – às colheradas e nunca têm uma tarde livre, um dia desocupado, nem muito menos uma semana de férias durante todo o ano. (...). São Paulo é o melhor lugar do Brasil para educadoras, tanto a Capital como toda a província, porque os moços da nova geração namoram a ciência e dão-se ares de erudição e de filosofia (BINZER, 1956, p. 30-77).

O problema de ministrar educação no meio rural não existia para os fazendeiros, mas parecia se colocar com relação às demais camadas que, realmente, dependiam, para a sua escolarização, da expansão da rede de escolas públicas. Foram estas camadas, portanto, marginalizadas durante todo o período do Império, dada a falta de escolas então constatada. Ina von Binzer fez referências à educação dos filhos de escravos que existiam em número elevado nas fazendas em que residiu, escrevendo em 1881:

> Os pretinhos nascidos agora não têm nenhum valor para seus donos, senão o de comedores inúteis... Por isso não se faz nada por eles, nem lhes ensinam como antigamente qualquer habilidade manual, porque, mais tarde, nada renderão (BINZER, 1956, p. 36).

Não implicariam, pois, em lucros futuros para os fazendeiros. Em outra carta, a educadora fez a seguinte observação:

> A lei da emancipação de 28 de setembro de 1871 determina entre outras coisas aos senhores de escravos, que mandem ensinar a ler e a escrever a todas essas crianças. Em todo o Império, porém, não existiram talvez nem dez casas onde esta imposição seja atendida. Nas fazendas sua execução é quase impossível... No interior, não há os mestres-escolas rurais como na nossa terra, assim sendo o fazendeiro ver-se-ia obrigado a mandar selar 20 a 50 animais para levar os pretinhos à vila mais próxima, geralmente muito distante; ou então teriam de manter um professor especial para essa meninada... Essas questões apresentam diversas soluções, mas o fato é que ninguém aqui faz coisa alguma, de maneira que as crianças nascem livres, mas crescem sem instrução e no futuro estarão no mesmo nível dos selvagens, sem gozar nem mesmo das vantagens dos escravos, que aprendem este ou aquele trabalho (BINZER, 1956, p. 104).

Outros estudiosos observaram que eram poucos os escravos que sabiam ler e que, nas fazendas, as possibilidades de aprendizado eram mais reduzidas que nas cidades, pois a maior parte dos braços aplicava-se à lavoura do café. Mesmo os filhos de senhores com as escravas não recebiam a educação que se poderia esperar.

Sobre os trabalhadores livres no meio rural, as referências ao atendimento e problemas educacionais também são escassas. A autobiografia de Thomas Davatz ganha assim importância maior, pois, como imigrante, foi mestre-escola na fazenda Ibicaba, uma das primeiras em São Paulo a trazer colonos europeus para trabalharem na lavoura do café – trabalho até então executado pelos escravos. As memórias de Davatz remetem aos primeiros tempos da imigração, em meados do século XIX. Trata-se de livro escrito após o retorno do mesmo para a Europa e, o que chama a atenção, é que só foi publicado em português no Brasil, em 1951, sendo a edição inicial realizada em 1858, em Chur, Suíça. É considerado por muitos estudiosos um precioso documento sobre os primeiros tempos da imigração, pois nele o autor descreve em detalhes o processo migratório do grupo, as dificuldades várias enfrentadas pelos colonos na fazenda Ibicaba, assim como em outras fazendas sobre as quais tinha notícias; trata, ainda, dos conflitos ocorridos entre os colonos e os seus contratantes, que levaram a movimento considerado de rebelião e intervenções dos poderes públicos. Como observou R.B. de M. na apresentação do livro:

> Não nos cabe aquí fazer o estudo dessas condições de trabalho nas fazendas, mas pôr ao alcance dos estudiosos documentos que julgamos de valor para que outros, mais autorizados, façam êsse estudo. Sôbre o assunto não conhecemos livros mais cheios de ensinamentos que o que ora publicamos. Foi escrito por Thomas Davatz e impresso em Chur em 1858. Davatz era suíço e veio para São Paulo como colono contratado para trabalhar na fazenda de Ibicaba, do senador Vergueiro. Era homem de uma certa instrução, mestre escola em sua terra natal. (...) Certas incompreensões surgidas de pontos de vista totalmente diferentes entre Vergueiro e os colonos suíços levaram os últimos à revolta. Davatz foi um dos "leaders" dessa revolta. Dominado o levante pela polícia, Davatz obteve licença para voltar à Suíça. Aí publicou o livro, que ora editamos, narrando a revolta e contando as condições de vida na fazenda Ibicaba (Apud DAVATZ, 1951, p. 2-3) .

Também o historiador Sérgio Buarque de Hollanda, que foi tradutor da obra para o português e elaborou um longo prefácio, destacou a importância dessa autobiografia:

> (...) No livro de Thomas Davatz, hoje publicado em tradução brasileira, o historiador futuro terá um elemento imprescin-

dível para o estudo do trabalho agrícola em S. Paulo durante a época do Império. É inútil insistir muito na intenção polêmica em que foi composto. Livro de partido, mas também de boa fé, êle é a expressão e o prolongamento da vida de um pobre colono perdido num mundo hostil às suas aspirações. Consideradas nesse aspecto é que as memórias de Davatz poderão ser apreciadas em seu justo valor. (Apud DAVATZ, 1951, p.35)

Mas, também como mestre-escola, Davatz foi incumbido, em sua terra natal, de elaborar relatório detalhado sobre o processo de imigração do grupo, como se pode constatar pelo documento anexo à autobiografia. A comissão apresentou ao mestre-escola um longo questionário, abordando os seguintes temas: assuntos gerais, assuntos relativos ao culto, ao ensino e à beneficência, assuntos políticos e assuntos econômicos (DAVATZ, 1951, p. 238-241).

Assim, Davatz explicita no texto sua estranheza com a nova situação de colonos, com todas as implicações que a mesma impunha, especialmente com o controle que sobre os mesmos era exercido, assim como com a vida dura que lhes era imposta e o que julgava serem injustiças e expropriações, pois, a partir dos contratos iniciais que lhes foram apresentados, esperava formas diferentes de trabalho e de vida. Para evidenciar tais questões aponta, na obra, o cotidiano de trabalho e os conflitos gerados no exercício do mesmo, com os fazendeiros.

O que chama nossa atenção ao analisar o conteúdo das memórias nessa obra é que o autor pouco fala sobre sua atividade principal, que era a de ser mestre-escola das famílias dos colonos. Uma hipótese possível é que, como procurou desenvolver na fazenda, como mestre-escola, as mesmas atividades que praticava em seu contexto de origem, não seria necessário escrever sobre as mesmas ou comentá-las – é como se, sobre tais questões, seu conhecimento já fosse suficiente para dominar o campo.

Apesar das pouquíssimas páginas escritas sobre sua atuação como mestre-escola, mesmo assim as informações são importantes para a compreensão da educação no período. Dessa forma, Davatz trata da precariedade do sistema educacional e sobre a forma como a escola passou a funcionar em Ibicaba:

> Que igreja, que escolas podem utilizar colonos? A respeito de escolas sei pelo menos de uma colônia em que prevalecem condições idênticas às de Ibicaba. Aqui, antes de minha chegada dois homens mantiveram escolas durante algum tempo. Logo depois que cheguei tive uma conversa com a diretoria, em que se tratou da conveniência de se abrir uma escola. Dessa conversa saiu um ajuste ou mesmo um verdadeiro contraponto entre os colonos e eu. A firma Vergueiro satisfaria então o seu compromisso de pagar cinquenta mil réis por ano a um mestre desejado ou admitido pelos colonos. Cada criança deveria concorrer mensalmente com a soma de trezentos e vinte réis, ou sejam aproximadamente noventa cêntimos. Aquela quantia me foi prometida e eu deveria começar logo a dar as aulas... a escola foi realmente inaugurada em princípios de outubro de 1856, funcionou com intermitências até o Ano Novo de 1857 e de então até fins de janeiro do mesmo ano teve um existência muito precária (DAVATZ, 1951, p. 118).

Como se vê, mesmo com o compromisso assumido pela firma contratante e pelas famílias, a escola teve funcionamento precário. O autor ainda observa sua prática pedagógica:

> No espaço local destinado às aulas, do qual já se fez menção, continuavam, porém a morar alguns colonos que ainda não tinham casa pronta, de modo que tive de reservar parte de minha própria residência para as lições. Com esse fim utilizei o quarto de dormir de minha família, fazendo a separação com o velho cortinado. Dava trinta e cinco aulas por semana, inclusive oito noturnas e uma aos domingos, de tarde. Reparti os alunos – cento e oito ao todo – por três classes, a saber, os

> grandes e pequenos por aula diurna e os de aula noturna. O número de disciplinas limitava-se a cinco: Leitura, Caligrafia, Aritmética, Canto e História Sagrada. Em quase todos os casos eu deveria partir dos princípios mais elementares. Muitos, mesmo entre os mais crescidos... mal sabiam distinguir as letras... Além de ser espantosa a inaptidão dos alunos, cujos pais provinham das mais diversas regiões da Suíça e da Alemanha e que em geral eram capazes de tudo menos de dar uma educação razoável e esclarecida a seus filhos, faltavam quase inteiramente os instrumentos de ensino que no Brasil, de resto, só existiam importados da Europa distante. Havia apenas alguns abecedários e cartilhas, propriedade de crianças recém chegadas, um quadro negro e várias folhas de papel, tendo impresso grandes caracteres latinos e que serviam de modelo. Eu não disporia sequer do giz para escrever se um colono não tivesse trazido alguns da Suíça. Falou-se certamente em mandar buscar materiais na Europa, mas nada chegou e tive de me arranjar como pude. Tal situação em Ibicaba, que nesse ponto não era superada por nenhuma outra colônia. De outra sei que também possui coisa parecida com uma escola. Nas demais, porém, nada mais há ao que eu saiba, que mereça esse nome (DAVATZ, 1951, p. 118-119).

De seus relatos, o que fica evidente é a inexistência de escolas para os filhos de colonos, porém real a existência de interesse pelo estudo, por parte de muitos colonos, que pagavam as aulas; as dificuldades quanto à escolarização das crianças seriam criadas pela própria firma colonizadora, que não se preocupava com a questão e, ao mesmo tempo, instituíam formas de remuneração que deixavam os colonos sempre com dívidas, e com dificuldades para pagar o mestre-escola.

Se a motivação inicial da narrativa de Davatz talvez possa ser atribuída ao encargo que recebeu de elaborar um relatório circunstanciado, nas páginas da parte final o autor é muito contundente ao expor o objetivo principal que atribui à sua obra: a de servir como alerta aos europeus que desejassem imigrar, demovendo-os desse intuito. São páginas e páginas justificando sua posição. Selecionamos só alguns trechos, mas que deixam clara a intencionalidade do livro:

> A todos os filantropos de todos os países em questão, particularmente funcionários, sacerdotes, professores, jornalistas, livreiros, etc., *que façam o possível pela ampla divulgação dêste livrinho, a fim de que seu principal objetivo – assistência aos colonos e a redução ou supressão da febre emigratória – possa ser mais fàcilmente atingido.* (...) (DAVATZ, 1951, p. 212)
>
> (...) E assim salvaremos milhares de irmãos de uma terrível desgraça, ao mesmo tempo em que fecharemos a outros milhares o caminho da desolação. *Deus ouça essas palavras! E que êste livrinho, dado o fim a que se destina, possa seguir seu caminho amparado nas bênçãos do senhor!* (DAVATZ, 1951, p. 230)

A outra autobiografia citada, de Raimundo Pastor, de certa forma mostra como no tocante ao atendimento educacional, os trabalhadores imigrantes continuavam em condições precárias, mais de cinquenta anos passados.

Em seu livro de memórias "Raboné, de colono a professor" (PASTOR, 1974), o autor relata a história de sua vida no interior do estado de São Paulo – Região Sorocabana – desde que, ainda menino, veio da Espanha com a família, até tornar-se professor; descreve como a educação era vivenciada pelos trabalhadores, geralmente estrangeiros, que viviam nas fazendas de café neste período da Primeira República. O livro foi publicado pelo Centro do Professorado Paulista, em 1974.

O relato do autor refere-se ao período de 1900-1919, durante o qual seu pai trabalhara em fazendas de café juntamente com a família, sob formas variadas de contrato como colono. Os filhos, à medida que iam atingindo certo desenvolvimento físico, por volta de dez anos de idade, passavam a trabalhar com o pai. O que é evidente nesta obra era o desejo expresso várias vezes pelo pai de Pastor, a preocupação constante de dar instrução aos filhos; no seu dizer, "aprender a ler, escrever e contar em brasileiro". Esta aspiração interferia, algumas vezes, nas suas decisões sobre propostas de contrato de trabalho. Como não havia sempre escolas nas fazendas em que trabalhava, nem nas proximidades, o pai chegou certa vez a contratar o próprio administrador de uma fazenda para dar aulas aos três filhos, pagando para tanto dois mil réis por cabeça. A chance de frequentar escolas surgiu para os filhos quando, já crescidos, a família trabalhava numa fazenda próxima a Botucatu, podendo assim, com muito sacrifício, cursarem a escola noturna na cidade. Pastor entrou na escola com vinte anos, e seus irmãos com dezoito e quinze; tinham grande interesse pelo estudo, e deixavam de jantar para poderem chegar a tempo à aula (PASTOR, 1974, p. 325). Como afirmou em outra parte, "sobravam professores e faltavam escolas. Não se criavam escolas no meio rural" (isto por volta de 1917). Terminaram o curso primário com sucesso, continuando, entretanto a trabalhar na roça. Em virtude não só do seu desejo de continuar os estudos, mas também da insistência de seu professor, o autor cursou a Escola Normal, formando-se professor. Embora já adulto, a família sempre o estimulou e arcou com a sobrecarga de trabalho e despesas decorrentes do seu estudo, pois para tanto deixara de trabalhar. É interessante destacar as observações que fez sobre o comportamento de desprezo dos colegas da escola normal (PASTOR, 1974, p. 342). Formado professor, entretanto, sua situação não melhorou, pois era difícil conseguir vaga para substituir, dado que não havia escolas rurais, e nas cidades só se conseguia com "cartucho político". Seu primeiro emprego foi na zona rural, como professor dos filhos do administrador de uma fazenda; deixou o seu trabalho quando foi criada nesta uma escola mista, que os meninos passaram a frequentar (PASTOR, 1974, p. 134, 313).

As anotações do autor em seu livro levaram-nos a presumir que, se muitos trabalhadores eram analfabetos ou não frequentavam escolas, o problema era antes resultante da falta das mesmas escolas, do que da não disposição de frequentá-las. Tal situação foi também constatada quando foi para o Vale do Ribeira, o que anotou em outra obra, que não detalharemos aqui (PASTOR, 1970).

As cartas e autobiografias nos permitiram compreender como os imigrantes vivenciavam a educação escolar nas fazendas de São Paulo em que passaram a residir e, também, a forma como a representavam nesse novo contexto. São narrativas elaboradas por educadores, portanto, já imbuídos de importância da mesma e com conhecimento da prática pedagógica, o que lhes permitia diagnosticar as grandes deficiências do sistema educacional no meio rural, a inexistência de escolas para trabalhadores livres, que, entretanto, muito as desejavam.

Histórias de vida de professores: a educação de colonos imigrantes e descendentes

As histórias de vida que coletamos referentes ao final do século XIX e primeiras décadas do XX permitiram um aprofundamento das questões educacionais suscitadas pelas autobiografias e cartas, dado pela possibilidade do pesquisador de dialogar com os sujeitos no processo de construção dessas fontes (DEMARTINI, 1988).

Em trabalho anterior (DEMARTINI, 2005) já discutimos a importância dessas diferentes fontes para a pesquisa histórico-sociológica em educação. No tocante aos imigrantes, por meio de histórias de vida podemos verificar a inserção dos mesmos no campo educacional: como educadores, como participantes de reformas educacionais, como fundadores de escolas, como alunos e, principalmente, como vinculadores de diferentes culturas nas escolas e no contexto social.

As histórias de vida obtidas em várias pesquisas com professores, pais, alunos, administradores foram fundamentais para entender as condições de inserção e as relações estabelecidas pelos imigrantes em seu novo contexto. Poderíamos tratar aqui de diferentes grupos com os quais trabalhamos, especialmente os japoneses, alemães e portugueses. Mas as especificidades de cada um deles demandariam um detalhamento maior. Assim, optamos por exemplificar a importância das narrativas orais por meio dos relatos que coletamos que remeteram ao início do século XX, quando muitos professores foram lecionar no interior do Estado, para comparar com o que as autobiografias e cartas já haviam indicado para períodos anteriores.

Focalizamos os relatos orais de professores que lecionaram em diferentes regiões do estado de São Paulo, nas quais trabalhavam imigrantes, como colonos. As entrevistas foram realizadas nos anos de 1983/1984, e os vinte e seis professores entrevistados tinham então mais de oitenta anos, pois nos interessavam as memórias dos que haviam lecionado ainda antes de 1930. As narrativas foram obtidas sob a forma de histórias de vida resumidas e tiveram várias horas de gravação. Após a transcrição, procedemos à análise das mesmas, a partir de temas orientados por questões sobre a procura por escola e sobre a diversificada rede escolar no estado de São Paulo (DEMARTINI, 2001).

Sobre a educação de colonos imigrantes, tema que priorizamos neste artigo, as narrativas dos professores são elucidativas.

O estado de São Paulo ainda estava, no início do século XX, em grande desenvolvimento agrário e as escolas nas quais lecionaram os professores eram muitas vezes as primeiras escolas de cada local – escolas pequenas (do total de trinta e seis escolas oficiais, vinte e oito eram escolas isoladas). Localizavam-se quinze delas em propriedades rurais, vinte em pequenas vilas ou distritos, apenas uma em cidade. Eram todas escolas recém-criadas.

A descrição das localidades em que os professores vivenciaram seus primeiros anos de magistério nos dá uma mostra bastante rica de como se caracterizava o interior e o litoral do estado, em propriedades que iam de grandes fazendas monocultoras aos pequenos sítios, em que ao lado do café desenvolvia-se uma agricultura voltada para a subsistência, representada pelo arroz, feijão, milho, frutas, entre outros produtos. Os professores falam da grandeza das fazendas em que deram aula e dessa grande produção de café e de outros produtos. Alguns poucos foram para regiões de ocupação então mais recentes, quase inexploradas. Contrastando com a pujança da produção econômica, estavam as escolas.

O funcionamento destas escolas era bastante precário nas escolas rurais; isto é, não parecia haver garantia alguma para a população que delas necessitava (em grande parte composta pelos imigrantes e seus descendentes) de que a escola, embora existindo no papel, tendo sido criada e reconhecida legalmente, de fato entrasse em funcionamento, mesmo quando para tanto houvesse professor disponível. Nesse sentido, é bastante significativo que de quinze escolas localizadas em propriedades rurais, duas delas, com professoras nomeadas para aí lecionar, nem chegaram a dar aulas, conforme os relatos.

A própria forma como as escolas eram criadas mostra a instabilidade e caráter precário desta rede de escolas oficiais localizadas em propriedades rurais. Segundo um dos professores, havia uma grande dificuldade para se criar escolas naquela época. O problema não estava, segundo ele, na ausência de procura, mas na falta de empenho do governo para tanto.

> (...) Era uma dificuldade. Não queriam gastar dinheiro. (...) E não sabe, eu tenho a impressão de que para o governo, o povo, quanto mais atrasado melhor. (...)

Segundo vários professores, o que pesava mais, realmente, não era a existência de crianças determinando a existência da escola, mas a vontade e a disposição do fazendeiro em criar, ou não, uma escola na fazenda; a escola podia existir também sem alunos, quando o fazendeiro queria. A criação de escolas ficava muito mais na dependência da política local, que de uma política educacional propriamente dita (DEMARTINI, 1989).

Um relato sintetiza bem o que outros professores observaram:

> (...) O proprietário de uma fazenda tinha uma influência política e através do chefe político ele conseguia a criação de uma escola na fazenda para que os filhos dos colonos pudessem apreender a ler, escrever e contar, senão eles teriam que pagar um professor particular para ensinar. Foi através do interesse dos fazendeiros que se criaram essas escolas, nas fazendas. De um certo modo, o motivo foi o prestígio, a ambição, outra coisa qualquer, mas de qualquer maneira, foi útil a influência deles.(...) porque o fazendeiro vai até o governo, vai à secretaria do governo e diz: "eu quero que você... , coloque um escola em tal lugar". O governo cria a escola e quando você vê apareceu a escola, mas você não viu, não percebeu, não sabe que saiu o fazendeiro daqui e foi lá pedir, você não acompanha isso. Agora sabe que isso acontece. É um fato público, não é um segredo de Estado. Agora, hoje, quando se quer uma escola num lugar, vai a autoridade escolar verificar (ênfase) se há condições de manter essa escola, não há prestigio que consiga criar a escola, hoje. E antigamente bastava o pedido do fazendeiro, do chefe político para criar a escola, num determinado lugar, pra escola ser criada. Só que, nessas condições: - havia escola que não tinha alunos, onde não existiam alunos e lugares onde existiam alunos e não tinham escolas. Não havia uma distribuição racional das escolas. (...)

Se a determinação legal estipulava que havia a necessidade de crianças em número suficiente, este critério não era o primordial quando havia interesses pessoais e políticos em jogo. Assim, as escolas foram criadas: 1) para atender a interesses pessoais dos fazendeiros em situações variadas; 2) por razões econômicas, porque valorizavam a fazenda, como se vê em alguns depoimentos; 3) para atender a interesses políticos locais - a escola era um elemento de disputa entre grupos políticos rivais e 4) em alguns casos, em que o fazendeiro era também importante político local, por vários motivos simultaneamente, isto é, para atender a família e a interesses políticos.

Há, por outro lado, indicações de que, quando havia crianças a serem escolarizadas, o mesmo sistema legal que obrigava os pais a enviarem os filhos à escola, impondo-lhes penas em caso de não cumprimento, não lhes proporcionava uma escola para tanto. Era necessário que os próprios sujeitos (diferentes grupos de imigrantes e populações nacionais) montassem a escola às suas custas para que ela pudesse ser criada.

É preciso chamar a atenção para o fato de que os professores que deram aulas em contextos em que o alunado era constituído por filhos de colonos, em grande parte imigrantes e descendentes, só apontaram o grande interesse e procura pela escola - nenhum deles comenta sobre conflitos com alunos de outras origens, como se poderia esperar, se nos pautássemos apenas nos discursos sobre "os perigos" que o Estado veiculava sobre os imigrantes e sua não-integração em território nacional (DEMARTINI, 2009).

As narrativas dos professores permitiram, assim, compreender a complexidade dos contextos nos quais atuaram, com clientelas diferenciadas e problemas diversos.

Muitos outros aspectos relatados poderiam aqui ser aventados para explicitar como, apesar das determinações legais e do próprio interesse de fazendeiros em manter colonos imigrantes em suas fazendas, o atendimento educacional continuava ainda tão precário, como já haviam observado Davatz e Ina von Binzer, para o século XIX. Também muitas entrevistas que realizamos com famílias de imigrantes confirmaram a mesma situação – os próprios grupos tinham que providenciar o atendimento educacional às crianças e aos jovens.

Anotação final

As autobiografias nos alertaram para a necessidade de aventar novas hipóteses sobre a temática pesquisada, suscitando novas questões; podemos afirmar que as memórias de Thomas Davatz, que atuou como professor de outros imigrantes alemães na colônia de Ibicaba, as cartas escritas pela também educadora Ina von Binzer e a autobiografia de Raimundo Pastor sobre suas experiências em fazendas no interior do estado de São Paulo, durante o final do Império e início da República, mudaram os rumos das indagações e das pesquisas que realizamos. A incorporação das narrativas, obtidas por meio de histórias de vida de educadores e de imigrantes, permitiu, em complementaridade, ampliar as discussões e conhecer as especificidades vivenciadas em diferentes locais, pelos diferentes grupos.

Referências bibliográficas

AZEVEDO, Fernando. *A cultura brasileira.* Editora Universal de Brasília. Brasília: 1963. BASSANEZI, Maria Silvia C. B. Imigrações internacionais no Brasil: um panorama histórico. In: PATARRA, Neide L. (Coord.) *Emigração e imigração internacionais no Brasil contemporâneo.* 2 ed. São Paulo: FNUAP. vol. 1, 1996, p.1-38.

BERTAUX, Daniel. L' approche biographique as validité methodologique ses potentialités. *Cahiers Internationaux de Sociologie*, Paris, v. 69, 1980.

BINZER, Ina von. *Alegrias e tristezas de uma educadora alemã no Brasil.* São Paulo: Anhembi, 1956.

CARVALHO MENEZES, João Gualberto. A criação da estrutura administrativa do sistema escolar paulista, separata da revista *Didática*, nº 9-10, Marília, 1974.CHIRICO, Magdalena (Org.). *Los relatos de vida*: el retorno a lo biográfico. Buenos Aires: Centro Editor de América Latina, 1992.

DAVATZ, Thomas. *Memórias de um colono no Brasil (1850)*. 2ª ed. São Paulo: Livraria Martins, 1951. (Biblioteca Histórica Brasileira; v. 5).

DEMARTINI, Zeila de B. F. *Observações sociológicas sobre um tema controverso*: população rural e educação em São Paulo. Tese (Doutoramento) - Departamento de Ciências Sociais, Faculdade de Filosofia, Letras e Ciências Humanas. São Paulo, Universidade de São Paulo, 1979.

DEMARTINI, Zeila de B. F. Histórias de vida na abordagem de problemas educacionais. In: SIMSON, Olga de Moraes von. *Experimentos com histórias de vida (Itália-Brasil)*. São Paulo: Vértice/Editora Revista dos Tribunais, 1988.

DEMARTINI, Zeila de B. F. O coronelismo e a educação na Primeira República. *Educação & Sociedade*, Ano X, n. 34, p. 44-74, dez. 1989.

DEMARTINI, Zeila de B. F. A questão da análise no processo de pesquisa. In: LANG, Alice B. da S. Gordo (Org.). *Desafios da pesquisa em Ciências Sociais*. São Paulo: CERU, 2001. (Coleção Textos, série 2, n.8).

DEMARTINI, Zeila de B. F. Relatos orais, documentos escritos e imagens: fontes complementares na pesquisa sobre educação. In: ROCHA-TRINDADE, M. B.; CAMPOS, M. C. S. S. *História, memória e imagens nas migrações*. Oeiras: Celta, 2005.

DEMARTINI, Zeila de B. F. Autobiografias, pesquisa, histórico-sociológica e educação. In: GALLE, Helmut; OLMOS, Ana Cecilia A. (org.) *Escrever a vida: novas abordagens de uma teoria da autobiografia*. Atas do Simpósio Internacional. Rio de Janeiro: Léo Christiano Editorial, 2007 (CD-Rom).

DEMARTINI, Zeila de B. Fabri. Imigrantes em diferentes contextos: conflitos e discriminações. *X Congresso Luso-Afro-Brasileiro de Ciências Sociais*, 2009, Braga-Portugal (mimeo).

FERRAROTTI, Franco. Relación entre Sociologia e Historia: sintesis o conflicto? *Historia, Antropologia y Fuentes Orales*, Barcelona, v. 1, nº 16, 1996.

IANNI, Octávio. O progresso econômico e o trabalhador livre. In: HOLANDA, Sérgio B. de. *História Geral da Civilização Brasileira*. São Paulo: Difel. Tomo 3. vol. 3, 1967.

LEMME, Paschoal. *Problemas brasileiros de educação*. Rio de Janeiro: Vitória Limitada, 1959.

PASTOR, Raimundo. *Alegrias, agruras e tristezas de um professor*: recordações de Xiririca, Itanhaém, Iporanga e Vila Bela, de 11/07/1919 a 05/1929. São Paulo: Centro do Professorado Paulista/Gráfica São José, 1970.

PASTOR, Raimundo. *Raboné, de colono a professor*. São Paulo: Centro do Professorado Paulista, 1974.

QUEIROZ, Maria Isaura Pereira de. História, história oral e arquivos na visão de uma socióloga. In: FERREIRA, Marieta M. (Org.). *História oral e multidisciplinaridade*. Rio de Janeiro: Diadorim, 1994.

QUEIROZ, Maria Isaura Pereira de. *Variações sobre a técnica de gravador no registro da informação viva*. São Paulo: T. A Queiroz, 1991. (Biblioteca Básica de Ciências Sociais).

QUEIROZ, Maria Isaura Pereira de.A literatura como fonte de dados para a sociologia. In: LUCENA, Célia. T.; CAMPOS, Maria Christina. S.S.; DEMARTINI, Zeila. B. F. (Orgs.). *Pesquisa em Ciências Sociais*: olhares de Maria Isaura Pereira de Queiroz. São Paulo: Humanitas/CERU, 2008a.

QUEIROZ, Maria Isaura Pereira de. Escravos e mobilidade social vertical em dois romances brasileiros do século XIX. In: LUCENA, Célia. T.; CAMPOS, Maria Christina. S.S.; DEMARTINI, Zeila B. F. (Orgs.). *Pesquisa em Ciências Sociais*: olhares de Maria Isaura Pereira de Queiroz. São Paulo: Humanitas/CERU, 2008b.

THOMAS, William I.; ZNANIECKI, Florian. *The polish peasant in Europe and America*. 2ª ed. Nova York, 1927.

Pela construção de alternativas de formação

Acompanhar e formar – mediar e iniciar: Pesquisa (auto)biográfica e formação de formadores

Elizeu Clementino de Souza

As discussões construídas no contexto brasileiro sobre formação de formadores têm se voltado, de forma bastante específica, para estudos que tomam as práticas de formação inicial ou continuada, com ênfase em aspectos vinculados às dimensões de profissionalização, de inserção e desenvolvimento profissional de professores dos diferentes níveis de ensino e das áreas do conhecimento.

Na última década, a noção que mobilizou a discussão sobre formação de formadores adotou como princípio o trabalho desenvolvido na/para a formação de professores, incorporando pressupostos teóricos do paradigma da racionalidade prática, do professor reflexivo, dos saberes docentes e da construção da identidade profissional, entre outros. Cabe observar que, tanto nas produções do Encontro Nacional de Didática e Prática de Ensino (ENDIPE), quanto nas pesquisas apresentados nos Grupos de Trabalho de Didática e de Formação de Professores da Associação Nacional de Pesquisa e Pós-graduação em Educação (ANPEd), bem como em outros fóruns e encontros sobre formação de professores, a concepção de formação de formadores tem poucas aproximações com as histórias de vida em formação, como se consolidou no domínio da formação dos grupos de pesquisa da Europa, especialmente, as experiências desenvolvidas na França.

Tais produções evidenciam, desde o início dos anos 90, experiências desenvolvidas com as histórias de vida, o trabalho com a memória e o desenvolvimento profissional como práticas de formação ou pesquisa-formação, as quais contribuem significativamente para a consolidação da pesquisa (auto)biográfica, ao lançar desafios teórico-metodológicos e paradoxos sobre a variedade de entradas e modos de trabalho que tem se configurado no Brasil, como sistematizados por Souza, Sousa e Catani (2008).

Evidencio que a formação tem sido utilizada como palavra de ordem nas reformas contemporâneas, a partir de concepções e princípios apresentados no contexto atual sobre formação de professores, os quais traduzem mecanismos de controle e de desvalorização da formação e da profissão em função dos interesses econômicos. É pertinente compreender que a formação de professores configura-se como um problema político, porque se vincula ao sistema de controle e de regulação social pelas relações que se estabelecem entre poder e saber. Também é a formação um problema filosófico, visto que se articula ao conceito de homem e das suas relações com o mundo e com o projeto social. É também a formação de professores um processo histórico situado, o qual reflete os interesses e as perspectivas atuais referendadas pelas políticas aceleradas de formação e de certificação, como sinônimo de qualidade da formação. Por fim, apreendo que a formação de professores inscreve-se numa problemática mais ampla que envolve dimensões científicas e epistemológicas sobre os saberes da profissão e sobre a profissão.

Convém demarcar a compreensão que tenho da formação como um movimento constante e contínuo de construção e reconstrução da aprendizagem pessoal e profissional, envolvendo saberes, experiências e práticas. A formação integra a construção da identidade social, pessoal e profissional, que se interrelacionam e demarcam a autoconsciência, o sentimento de pertença. Ao discutir sobre a formação, Nóvoa entende que: "[...] a formação de professores tem ignorado, sistematicamente, o desenvolvimento pessoal, confundindo 'formar' e 'formar-se', não compreendendo que a lógica da actividade educativa nem sempre coincide com as dinâmicas próprias da formação [...]" (1995, p. 24 – Grifos do autor). Ela resulta das relações que tecemos entre o pessoal e o social, o eu e o outro, o objetivo e o subjetivo, demarcando a definição de si e a percepção interior.

Pesquisar a formação inicial de professores requer a busca de possibilidades que potencializem o entrecruzamento entre aspectos históricos, legais e políticos sobre a formação de formadores, no sentido de melhor entender processos de construção da identidade docente centrados nas singularidades das histórias de vida, como investigação-formação, através da pesquisa (auto)biográfica. Reflexões já empreendidas por Souza (2003) sobre cartografia histórica e sobre formação de professores possibilitam melhor apreender o estado da arte da pesquisa na área, como também a importância e singularidade atribuídas às narrativas de formação e biografias educativas, para uma compreensão da epistemologia da formação e da prática docente.

É importante entender, o que já é consenso, que o magistério e a profissão professor[1] caracterizam-se como uma profissão com níveis de complexidade, exigindo revisão e construção constantes de saberes, das práticas e das dimensões de formação. É centrado na singularidade e na complexidade da profissão docente que tenciono discutir, de forma abreviada, questões teóricas sobre acompanhamento e suas relações com a formação, na tentativa de sistematizar aspectos que demarcam a indissociabilidade entre a pessoa e o profissional do formador. Tomo como referência questões teóricas concernentes à pesquisa (auto)biográfica, conforme empreendidas por Souza (2006a e 2008a), Souza e Mignot (2008), Passeggi e Souza

1. Nóvoa organizou o livro *Profissão Professor* (1992) tomando como eixo de análise dilemas históricos da profissão e da profissionalização docentes. Mais especificamente, no seu texto *O Passado e o presente dos Professores,* ao marcar que o estudo histórico do processo de profissionalização abre possibilidades para se melhor compreender problemas contemporâneos da profissão. Ainda sobre as questões vinculadas à formação e condições de trabalho, consultar: Nóvoa (1991); Contreras (2002) e Tenti (2007 e 2007a).

(2008) e Passeggi (2008a), ao destacarem como vem sendo utilizada no movimento biográfico no Brasil, mais especificamente, no que se refere à mediação biográfica e à iniciação, no contexto das biografias educativas no território nacional.

Alguns trabalhos me ajudam a pensar sobre o quadro atual das pesquisas, que tomam as diversidades de registro sobre o (auto)biográfico como dimensão de pesquisa e/ou de pesquisa-ação-formação, a exemplo dos estudos sobre o estado da arte das pesquisas com histórias de vida e (auto)biografias no Brasil, desenvolvidos por Bueno, Sousa, Chamlian e Catani (2006), Souza, Sousa e Catani (2008) e por Stephanou (2008).

A questão que se coloca emerge da constatação de que, no campo da formação no Brasil, as discussões sobre formação de formadores têm tomado como referência repertórios de conhecimentos sobre formação de professores, análise das implicações e princípios das políticas públicas de formação docente, na perspectiva dos processos de aprendizagem e desenvolvimento profissional, na formação inicial de professores da educação infantil, ensino fundamental, médio e como estudos iniciais sobre docentes do ensino superior.

O texto organiza-se na interface entre dois aspectos fundantes no contexto contemporâneo da formação de formadores. O primeiro apresenta, de forma abreviada, o conceito de acompanhamento; o segundo toma a ideia de mediação biográfica como promissora para o trabalho de formação de formadores, no âmbito das pesquisas e práticas nesse campo. Toma-se também a relação dialética entre acompanhar e formar – mediar e iniciar, na perspectiva de sistematizar reflexões teóricas sobre as pesquisas com histórias de vida e os modos próprios de trabalho desenvolvidos no Brasil, ao destacar a necessidade de estudos sobre formação de formadores, na vertente da pesquisa (auto)biográfica.

A ideia de discutir noções gerais e introdutórias sobre acompanhamento e formação, através das relações entre mediação biográfica e iniciação, faz-se pela necessidade de aproximações entre o trabalho com pesquisas (auto)biográficas e formação de formadores, diferentemente do enfoque que tem se feito, referente à ideia restrita de professores que formam professores.

Formar e acompanhar: pesquisa (auto)biográfica e formação de formadores

A formação conjuga diferentes dimensões, implica investimentos de diferentes ordens e articula-se com a noção de acompanhamento na contemporaneidade, vinculando-se a princípios teóricos da formação ao longo da vida, por considerar as ações de formação como centradas no adulto, como ator-autor de seu projeto histórico existencial.

As sistematizações construídas por Paul (2004) em relação à proliferação das noções de acompanhamento no contexto profissional e social como prática sócio-educativa oportunizam alargar conceitos, concepções e modos diversos do trabalho de acompanhamento no contexto da formação. Por outro lado, o pioneirismo do trabalho de Pineau (1998 e 2002) sobre a multiplicidade de formas de acompanhamento, bem como o seu estado de efervescência no contexto francófono, marca modos diversos, complexos e alguns paradoxos das funções do acompanhamento como temporalidade existencial. Destaca o autor a publicação de número específico da *Revista Educação Permanente* (2002) sobre a temática, como preparação para o Colóquio Internacional 'O acompanhamento e seus paradoxos: questões aos usuários, práticos, cientistas e políticos' (2003), realizado em Tours (França). O balanço apresentado na revista e no colóquio, sob a forma de paradoxos dos modos de trabalho de acompanhamento, faz emergir diferentes registros e experiências, guardando em si as aproximações e os distanciamentos na formação do adulto, como responsável pelo seu projeto de vida.

Em relação aos paradoxos, Pineau (2003) toma a síntese, apresentada por Boutinet, dos cinco paradoxos que se abrem pela diversidade de modos de trabalho e efervescência no campo do acompanhamento, ao destacar, inicialmente, o ' paradoxo temporal', 'relacional', 'da relação social', 'de orientação' e, por fim, o ' paradoxo da determinação'. A função de acompanhamento em relação aos paradoxos apresentados demarca o caráter de infinitude e de transitoriedade, paritário e assistemático, de individualização sem torná-lo único, de caminhar com e de abertura para o outro em suas dimensões de individuação e singularidades.

A emergência do trabalho de acompanhamento tem raízes nos processos civilizatórios e nas crises instaladas nas complexas relações humanas, institucionais e sociais. As crises paradigmáticas vividas pelos agentes sociais, dentre eles a família, a escola, a religião e o mundo do trabalho fazem eclodir um individualismo exacerbado em confronto com a descaracterização de 'ancoragens tradicionais', em oposições entre dimensões individuais e coletivas. É neste contexto de proliferação de crises identitárias e sociais que a noção de acompanhamento ganha expressão, como fértil para a formação de formadores.

Ao tratar da noção de acompanhamento na pesquisa (auto) biográfica, Passeggi (2006) parte das discussões construídas por Pineau, quando afirma que "[...] o termo acompanhamento responde à necessidade de melhor conceber a formação de formadores, seu papel, seu estatuto, sua profissionalização [...]" (PASSEGGI, 2006, p. 207). Acompanhar, no contexto da formação de formadores, vale-se de princípios epistemológicos das histórias de vida em formação e significa caminhar com, partilhar experiências, participar do desenvolvimento ou reinserção profissional através de mediações não diretivas sobre a história e singularidade do adulto, em constante aprendizagem e formação.

As aproximações entre acompanhamento (PINEAU, 1998 e 2002) e trabalho biográfico (DELORY-MOMBERGER, 2004 e 2008) fazem-se a partir do trabalho de mediação (PASSEGGI, 2006 e 2008), das práticas de formação e (auto)formação, vividas pelos sujeitos em seus percursos de vida-formação. Para Pineau (1998), a noção de acompanhamento vincula-se a uma dimensão antropológica, na medida em que, a partir da palavra – oral ou escrita –, o adulto em formação interroga-se sobre condições profissionais e existenciais, buscando outros sentidos para sua vida-formação.

A pesquisa (auto)biográfica no processo de formação de formadores vincula-se à ideia de que é a pessoa que se forma e forma-se através da compreensão que elabora do seu próprio percurso de vida, permitindo ao sujeito perceber-se como ator da sua trajetória de formação. Através da pesquisa (auto)biográfica, o sujeito produz um conhecimento sobre si, sobre os outros e o cotidiano, o qual se revela através da subjetividade, da singularidade, das experiências e dos saberes, ao narrar com profundidade. A centralidade do sujeito no processo de formação sublinha a importância da abordagem compreensiva e das apropriações da experiência vivida, das relações entre subjetividade e narrativa como princípios, que concede ao sujeito o papel de ator e autor de sua própria história.

As sistematizações construídas por Josso (1991 e 2002), Dominicé (1990 e 1996), Pineau (1988 e 1993) e Delory-Momberger (2004 e 2008) sobre a abordagem biográfica e a história de vida em formação marcam, significativamente, outro movimento de compreensão e de trabalho com a formação, visto que é o sujeito que se forma e forma-se a partir das experiências que viveu e das aprendizagens que construiu, ao longo da vida. Persistir em reduzir a formação a um conjunto de técnicas é reforçá-la na racionalidade técnica com base numa perspectiva da heteroformação.

A polifonia do conceito de formação, ora entendido como instruir, ora como treinar ou como educar, não marca, na maioria das vezes, o campo semântico desta palavra. A atribuição de sentidos e significados ao mesmo tempo idênticos, diferentes e, às vezes, excludentes de educação ou formação permanente; de formação inicial e continuada; de capacitação ou formação profissional; e de formação ao longo da vida, configura-se como uma base epistemológica em construção para pensar, em outra lógica, a formação de formadores através da pesquisa (auto)biográfica, porque comporta um projeto de produção da vida mediada pelos sentidos estabelecidos pelos sujeitos no processo de formação.

Sobre o conceito e entendimento construídos sobre a formação como um processo, apóio-me em Fabre (1994 e 1995), quando sistematiza no livro '*Penser la formation*', reflexões sobre a polifonia do conceito de formação, esclarecendo sobre a terminologia e as aproximações aparentes da expressão formar, interrogando-se sobre a diferença entre formação e educação, ensino, instrução e aprendizagem. O campo semântico da palavra *formar* é particular e independente do de *ensinar*, frouxo em comparação à palavra *educar* e ficando reduzido à ideia de instrução. Na maioria das vezes, apresenta estreita relação com dar conhecimentos e com preparar para um ofício ou um fazer, assentando-se num pragmatismo e numa racionalidade técnica como axioma para a formação. Desta mesma forma, compreendo que Bernard Honoré (1980), em seu livro '*Para una teoria de la formacion*', apresenta o entendimento da formação como um campo de ação e pesquisa concernente ao desenvolvimento pessoal e coletivo, através das experiências do indivíduo e do grupo. A sistematização construída pelo autor aproxima-se e reforça os princípios da pesquisa (auto)biográfica, por considerar a formação como um campo de conhecimento e inscrever-se nas experiências ao longo da vida como um processo de formação.

Ao discutir sobre experiências e suas relações com as identidades e subjetividades na formação, Josso (2002) busca indicar caminhos e refletir sobre a formação e o lugar que têm as experiências na formação e transformação das identidades e subjetividades. Afirma a autora que a formação, encarada na perspectiva do ator e autor da sua própria história, inscreve-se como um conceito gerador, agrupando conceitos descritivos, os quais possibilitam pensar a formação enquanto *processo de formação* e sua conexão com as experiências que se constroem ao longo da vida, através das singularidades das histórias de vida.

Em seu livro *Cheminer vers soi*, Josso (1991, p. 33-46) apresenta uma significativa abordagem sobre o conceito de formação, a partir de uma teorização e prática em diferentes campos das ciências humanas. Desta forma, procura a autora desenvolver sua análise a partir de diferentes áreas, tomando inicialmente a perspectiva sociológica, a qual acentua a noção de socialização que abarca o conceito; a antropológica, que destaca a dimensão da enculturação; a psicológica, a qual se centra na perspectiva do desenvolvimento pessoal e, por fim, a psicossociológica, remetendo-nos para a ideia de inter-relações grupais.

No que se refere ao campo educacional, o conceito de formação apresenta variações diversas e tem objetivos diferentes ao longo do tempo, especificamente quando se trata da formação de formadores e de professores. A referida autora apresenta uma síntese profunda e completa, a partir de revisão teórica realizada sobre tal temática e conclui que existem três perspectivas. A primeira vertente considera uma concepção de formação centrada na *ação educativa* e menos no processo de formação, compreendendo-a como aprendizagem de competências e de conhecimentos, a qual se assenta na racionalidade técnica. A segunda amplia a concepção e entende a formação como um *processo de aprendizagem e conhecimento;* e, a última, compreende a formação como *centrada no sujeito* e como um "projeto, produção de sua vida e de seu sentido" (idem, 1991, p. 47), inscrevendo-se num campo de conhecimento e de teoria da formação denominado de abordagem biográfica. Em síntese, a formação tem se desenvolvido e caminhado em dois sentidos e com base em duas concepções de natureza diferente. Uma, centrada na racionalidade técnica e na tônica das ações de formação, com base na heteroformação - *engenharia e tecnologia da formação* - e a outra, centrada no sujeito e na historicidade, nas subjetividades, nas experiências construídas ao longo da vida e no processo de formação e autoformação, denominada de *abordagem existencial da formação.*

O aprofundamento do conceito de processo de formação busca superar a ambiguidade entre a ação de formar, vinculando-se às ideias do formador, a pedagogia adotada, os métodos e princípios utilizados e a ação de formar-se, relacionando-se às experiências ao longo das quais se formam as identidades e subjetividades, através das biografias educativas centradas em uma teoria da formação.

A ideia de uma teoria da formação e de um processo de formação toma a dimensão da temporalidade, da copresença do passado, do presente e do futuro que são expressas nas biografias educativas. A formação enquanto processo objetiva ampliar as capacidades de autonomização, de iniciativa e de criatividade. A reflexão sobre o processo de formação, mais especificamente, sobre as trajetórias de escolarização, concede uma ênfase às experiências formadoras construídas e que marcam as histórias de vida. O princípio da reflexibilidade é propulsor da formação centrada na pesquisa (auto)biográfica, porque evidencia o lugar do sujeito ao formar-se, visto que o trabalho com a narrativa de formação implica o autor-ator a entender, através da reflexão e conscientização do seu percurso de vida, o seu processo de formação.

Para Pineau, "[...] aprender com a experiência, ou seja, através de contatos diretos consigo mesmo, com os outros e ou as coisas, não parece de forma alguma o mesmo processo de aprender na escola ou através de contactos mediatizados por uma forma, um profissional, um discurso [...]". (1999, p. 337). A formação, pensada como autoformação, potencializa-se com as pesquisas sobre e com base na abordagem experiencial ou biográfica[2], cujas aprendizagens experienciais expressas através das narrativas de formação, mediante a compreensão dos "processos de formação, de conhecimento e de aprendizagem" (p. 28) tomam a experiência formadora como uma competência relacional entre o vivido e as situações cotidianas, articulando-a a uma base teórica e suas simbolizações para resolver

2. Na área da Ciência da Educação, o precursor desta abordagem foi Gaston Pineau, para o qual a autoformação exerce um papel singular no processo de formação. Em *La formation en deux temps, trois mouvements,* Pineau (2000) afirma que "C'est le mouvement qui fait le plus travailler. Au début des années quatre-vingt-dix s'est créé au Laboratoire des sciences de l'éducation de l'Université de Tours le Groupe de Recherche sur l'Autoformation (GRAF). Dix ans plus tard, il en est à son cinquième colloque européen et à la deuxième rencontre mondiale" (2000, p. 130).

problemas. Aprender pela experiência designa tomar a sua própria história e apreender o saber-fazer, conhecimentos, signos, significados, procedimentos técnicos, valores, numa temporalidade e num espaço que permitem a cada um, a partir da sua história e das suas aprendizagens, exercitar um conhecimento de si e uma presença sobre si mobilizados pelos diferentes registros de sua trajetória.

Em diferentes textos, Pineau[3] aborda os conceitos e princípios relacionados à autoformação, ecoformação e heteroformação. Ao tratar dos três movimentos da formação com base na abordagem biográfica e experiencial da formação, Pineau (2000) os compreende como uma dialética de emancipação e autonomização, como uma problemática que se inscreve no campo da educação permanente e sistematiza as "concepções de auto-, hetero-, eco-fromação" (p. 129). Reitera o autor que "Entre a acção dos outros (heteroformação) e a do meio ambiente (ecoformação), parece existir, ligada a estas últimas e dependente delas, mas à sua maneira, uma terceira força, a do **eu** (autoformação) [...]" (1988, p. 65 – grifos do autor).

Para apresentar os três movimentos e a teoria tripolar da formação, Pineau (1983 e 1999) recorre a Rousseau e à sua abordagem dos três mestres em educação, ou seja, a própria pessoa, os outros e as coisas. Na sua teoria, Pineau cunha a formação como função vital da espécie e evolução humana, numa dimensão de complexidade governada por três mestres. O primeiro demarca o *soi*, ou seja, o *autos*, e compreende a emergência de cada um gerir sua própria formação no decurso da vida; a sociedade, ou seja, os outros, também atuam e exercem ações sobre o sujeito, configurando-se no eixo *hetero*; as coisas, ou seja, o ambiente, o mundo, designa a vertente *eco* e suas dimensões físicas e naturais. A definição e indicação dos pre-

3. Para maior aprofundamento dessa questão, consultar os seguintes textos: Gaston Pineau, *La formation en deux temps, trois mouvements*, 2000, p. 127/37; Gaston Pineau, *Experiências de aprendizagem e Histórias de vida*, 1999, p. 327/348; Gaston Pineau, *A Autoformação no decurso da vida: entre a hetero e a ecoformação*, 1988, p. 65/77; Gaston Pineau e Marie Michele, *Produire sa vie: autoformation et autobiographie*, 1983; *Pierre Dominicé, L'histoire de vie comme processus de formation, 1990.*

fixos – auto, eco e hetero – demarcam conceitos próprios de formação, os quais se inscrevem num movimento transdisciplinar e centram-se na multipolaridade que a complexidade das relações apresenta nas transações, negociações e religações consigo próprio (ontológica e psicológica), com o outro (cósmica e psicossociológica), por entender que a formação é resultado das permanentes transformações entre o organismo (auto), o contexto social (hetero) e o mundo físico e natural (eco).

O centramento do sujeito na abordagem experiencial, ou mais especificamente, a tônica sobre si mesmo, evocada pelo prefixo *auto*, remete ao papel do sujeito no processo de formação, o qual é contínuo e constante na história de vida de cada indivíduo.

Sobre essa questão, reitera Pineau: "Se o estudo e, portanto, o conhecimento de autoformação estão pouco desenvolvidos, isso se deve à centração quase exclusiva do paradigma pedagógico-positivista sobre a heteroformação [...]" (1988, p. 68). Ainda assim, afirma o autor que "O nascimento desta força de autoformação foi, e é ainda, contestada por muitos, em função da sua própria falta de acabamento e das concepções fixistas ou evolutivas do decurso da vida" (p. 67).

A autoformação tem sua gênese no contraponto ao conceito e práticas da heteroformação, a qual entende a formação a partir do que expressa o seu próprio prefixo hetero, sendo determinada pelas ações, poder e controle dos outros (a instituição, os professores, o programa, o currículo). A autoformação assenta-se no princípio da autonomização e reflexibilidade do próprio sujeito, provocando um movimento de individualização e de subjetivação sobre a formação. Para Pineau, "A autoformação nas suas últimas fases corresponde a uma dupla apropriação do poder de formação: é tomar em mãos este poder - tornar-se sujeito -, mas é também aplicá-la a si mesmo: tornar-se objecto de formação para si mesmo" (1988, p 67).

A utilização e vinculação da pesquisa (auto)biográfica, como uma possibilidade de autoformação, evidencia-se porque permite colocar o sujeito numa posição de ator e autor do decurso da vida, através da narrativa de formação, visto que "A construção e a regulação desta historicidade pessoal são talvez as características mais importantes da autoformação [...]" (Pineau, 1988, p. 73).

O trabalho centrado nas biografias educativas na formação de formadores e suas relações com o acompanhamento como dispositivo de formação, instaura-se como fértil, na medida em que parte da historicidade e da subjetividade do sujeito remetendo-o a refletir sobre seu próprio processo de formação. As dimensões autoformativas e ecoformativas que emergem da narrativa de formação ligam-se à globalidade da vida e das experiências pessoal, profissional, cultural, social, espiritual, encarando a formação como um trabalho e atividade do sujeito sobre si e em relação a si mesmo, aos outros e aos diferentes espaço-tempos em que está inserido. A "[...] formação depende do que cada um faz do que os outros quiseram, ou não quiseram fazer dele. Numa palavra, a formação corresponde a um processo global de autonomização, no decurso do qual a forma que damos à nossa vida se assemelha [...]" (Dominicé, 1988, p. 61).

Destaco aqui o modo de trabalho de acompanhamento que tenho desenvolvido (SOUZA, 2005, 2006 e 2008), ao utilizar a pesquisa (auto)biográfica como referência para o trabalho de formação inicial e no campo do estágio supervisionado como singular, na medida em que privilegia a emergência do ator e autor, da apropriação de si, da sua vida e da sua historicidade frente ao sentido que estabelece a sua existência e a aprendizagem da e sobre a profissão docente.

Mediar e iniciar: pesquisa (auto)biográfica, mediação biográfica e formação de formadores

Compreendo a formação como uma iniciação[4] e como um processo, por revelar conexões com as experiências que se constro-

4. As posições aqui apresentadas correspondem à síntese e ampliação dos trabalhos de Souza (2006 e 2008), quando discute ideias sobre a as histórias de vida e o estágio

em ao longo da vida, através das singularidades das histórias de vida e dos percursos de formação. O entendimento construído sobre a formação de formadores me faz caminhar no sentido de apreender as narrativas como potencialmente férteis para a transformação das identidades e subjetividades, a partir das experiências que nos constituem pessoas e profissionais. Tal compreensão me faz superar o conceito de formação como transferir conhecimentos, preparar para um ofício ou um fazer e que se assenta em um pragmatismo e uma racionalidade técnica como axioma unilateral e único para a formação.

A teia e polifonia de vozes que se constituem na formação de formadores e suas implicações com as histórias de vida remetem-me a apresentar relações possíveis entre mediar e iniciar, no contexto do trabalho de acompanhamento.

Sobre o conceito de mediação biográfica e suas relações com as figuras antropológicas do narrador e do formador, Passeggi (2006 e 2008) toma o trabalho com os memoriais de formação e sistematiza aspectos relacionados ao ato de narrar e o "[...] *co-investimento* dialógico entre a pessoa que narra e o grupo, entre eles e quem os acompanha [...]" (PASSEGGI, 2008, p. 43). Afirma a autora, a partir das experiências de pesquisas com os memoriais acadêmicos e de formação, que a mediação biográfica é entendida "[...] como os processos envolvidos no acompanhamento de um grupo de pessoas em formação que escrevem e trabalham sobre suas narrativas com a ajuda de um formador." (idem, p. 44), coexistindo em um grupo reflexivo. Desta forma, as relações entre acompanhamento e formação, mediação e iniciação são potentes e férteis para o trabalho ancorado na noção de "Auto-Bio-Grafia", conforme posto pela autora.

As apresentar as três dimensões da mediação biográfica, Passeggi (2008) indica a "iniciática, maiêutica e hermenêutica" (p. 45), possibilitando compreender diferentes etapas do trabalho

como iniciação e, especialmente, as implicações da escrita (auto) biográfica como prática de formação.

biográfico com os memoriais. Ainda assim, toma as três dimensões da mediação e articula-as com as figuras antropológicas[5] do mediador e do narrador, conforme desenvolvidas por Josso (2002) e, com base em Ricoeur, relaciona com a tríplice mimese (prefiguração, configuração e refiguração). Tal investimento desdobra-se em pistas fecundas para o trabalho de mediação e acompanhamento com os memoriais, bem como com a memória e as experiências docentes nos domínios da formação. A mediação biográfica explicita dimensões de copresença, de estar e caminhar com, de partilha das experiências, percursos e trajetórias de vida-formação como ritual de iniciação.

Quanto à ideia de iniciação, parto das sistematizações construídas por Peters (1979) em seu texto *"Educação como iniciação"*, ao afirmar que iniciar supõe um conjunto de atividades e diferentes modos de proceder que são valiosos para apropriar-se de um corpo de conhecimentos, de um conjunto de técnicas iniciáticas, que desvendam experiências formadoras e práticas de formação centradas na história do sujeito, em seus desejos, nas suas implicações, envolvendo modos de conhecimento, de produção e circulação desses conhecimentos em suas relações com os contextos e realidades dos sujeitos em formação.

A compreensão de Peters do processo educacional como uma prática de iniciação abriga diversas atividades de uma determinada área do conhecimento, familiarizando o sujeito com regras, procedimentos, linguagens e disposições fecundas com as várias áreas implicadas no processo educativo, possibilitando apreender as relações construídas pelos indivíduos em suas experiências com os percursos e as trajetórias de escolarização e de formação.

As sistematizações de Peters sobre a educação como iniciação são apropriadas por Catani (2001), quando as aproxima da didática

5. A discussão apresentada por Passeggi (2008) ancora-se na sistematização feita por Josso (2002), quando apresenta quatro figuras antropológicas – o Amador; o Ancião; O Animador e o Balseiro -, relacionando com funções do mediador, ao acompanhar processos de formação e no caminhar com o outro.

como iniciação e do uso das histórias de vida ou da autobiografia como procedimento de formação. A compreensão da didática como iniciação, construída pela autora, delimita outro caminho e modo de conceber e trabalhar a didática e a formação, remetendo-a a pensar sobre como ensinar a ensinar, apresentando possibilidades e alternativas para estudos sobre a didática e a formação docente. A didática como iniciação e a proposição do trabalho, centrado na perspectiva das narrativas de formação, partem dos significados acerca da dimensão pessoal no processo de formação, possibilitando analisar questões e situações de ensino, suas relações com a história pessoal e a subjetividade na aprendizagem docente.

Para Catani, a didática como iniciação articula-se ao uso das histórias de vida escolar e da autobiografia como procedimentos de formação porque,

> [...] através dos relatos autobiográficos de formação o indivíduo tem oportunidade de criar ou transformar modos de compreender as relações com o conhecimento, com o ensino, a vida escolar e a realidade social mesma a partir da reinterpretação da sua inserção no mundo. Em mais de um sentido o termo 'iniciação' é o mais apropriado para dar conta dessas formas de compreensão destinadas a favorecer o autoengendramento (2001, p. 65).

A ideia construída sobre a formação de formadores como práticas de iniciação e de acompanhamento permite-me entendê-las como um processo vinculado às dimensões sociais, institucionais e formativas, as quais são marcadas pelas experiências e aprendizagens construídas ao longo da vida, implicando-se com a inserção e reinserção profissional e/ou com o desenvolvimento pessoal. A formação de formadores, a medição biográfica e o acompanhamento articulam-se com o lugar que têm as experiências no processo de formação e na transformação das identidades e subjetividades dos sujeitos em desenvolvimento e formação.

O centramento da formação, com base na racionalidade técnica, a partir do enunciado de um conjunto de regras e dispositivos pedagógicos, acerca dos processos formativos, vem sendo marcando por modos individuais e coletivos de como compreendemos a formação de formadores e os conhecimentos que são extraídos das experiências e significados da vida. A superação da compreensão da formação de formadores como um processo de confronto entre teoria e prática, ou como um praticismo voltado para o treino ou experimentação de atividades profissionais revela-se numa outra perspectiva sobre o processo de formação, o qual assume a mediação biográfica e o acompanhamento como uma prática de iniciação ao desenvolvimento profissional.

A apropriação da formação como prática de iniciação e mediação evidencia-se como potente, por desvelar situações pessoais e profissionais expressas nas narrativas de formação, visto que, "[...] iniciar no sentido proposto é familiarizar-se com as significações pessoais e sociais dos processos de formação [...]" (CATANI, 2001, p. 60).

Reafirmo que a educação, a didática e a formação como iniciação não se esgotam na transmissão de saberes, na apropriação de competências técnicas e profissionais, como quer a didática instrumental e, muito menos, na assertiva das potencialidades individuais. Vinculo-me à perspectiva epistemológica e metodológica da formação experiencial e da formação de formadores como iniciação, por entender que a noção de processo de formação que ela implica parte da centralidade do sujeito na globalidade da vida, entendida como interação da existência com as diversas esferas da con-vivência, como perspectiva educativa e formativa.

Ao discutir sobre a pesquisa (auto)biográfica e a formação de formadores procurei compreender que, no campo da educação, a formação esteve durante muito tempo centrada na aprendizagem de competências e de conhecimentos, o qual historicamente assenta-se na racionalidade técnica e na heteroformação, denominada de engenharia e tecnologia da formação. Outra vertente indicada, contrapondo-se à primeira, refere-se ao processo de aprendizagem e de conhecimento, o qual se centra no sujeito da formação, em suas histórias, singularidades e subjetividades, nas experiências construídas ao longo da vida e no processo de formação e autoformação, denominada de abordagem existencial da formação.

A perspectiva semântica apresentada sobre o processo de formação como iniciação tende a possibilitar ao sujeito ampliar as capacidades de autonomização, de reflexividade, iniciativa e criatividade no seu desenvolvimento profissional. A ação e a reflexão sobre o processo de formação revelam experiências formadoras, construídas nas histórias de vida. A reflexividade como eixo central da pesquisa (auto)biográfica busca evidenciar as formas e os dispositivos engendrados sobre as itinerâncias e colocar o sujeito como cerne da formação, porque o trabalho com a narrativa de formação possibilita ao autor-ator entender, através da reflexão, da conscientização e do conhecimento de si, percursos e processos de formação e autoformação no decurso da vida.

Para Pineau (1999), a formação, pensada como autoformação e centrada na abordagem experiencial ou biográfica, revela através da narrativa de formação aprendizagens experienciais, conhecimentos tácitos e relacionais entre o vivido e as situações cotidianas, assentando-se numa base teórica e em simbolizações para resolver problemas cotidianos no estágio como iniciação e no desenvolvimento profissional. Os percursos autoformativos experienciados pelos sujeitos partem da singularidade, subjetividade e historicidade, os quais se ancoram num saber-fazer relacional, implicado em dispositivos reativados das trajetórias de vida-formação, marcados num tempo vivido e em espaços individuais e coletivos da memória, que permitem a cada um, de sua forma e com suas aprendizagens experienciais, praticar e investir num conhecimento de si e numa presença sobre si, mobilizados pelas diferentes entradas que a escrita da vida remete, compreendendo-a como uma dialética de emancipação e autonomização. Sinaliza o referido autor que, "Entre a acção dos outros (heteroformação) e a do meio ambiente (ecoformação), parece existir, ligada a estas últimas e dependente delas, mas à sua maneira, uma terceira força, a do **eu** (autoformação) [...]" (Pineau, 1988, p. 65 – grifos do autor).

Compreender o sujeito como centro do processo de formação na perspectiva da abordagem existencial ou biográfica de formação, relacionada à autoformação, vincula-se à continuidade histórica e ao processo de formação de cada sujeito. A autoformação e a ecoformação articulam os princípios de autonomização e reflexividade do próprio sujeito, provocados a partir do investimento no conhecimento sobre si e sobre as práticas de formação, numa dimensão relacional de ator-autor de sua própria história de vida. Emerge daí a contraposição entre as práticas autoformativas e ecoformativas com os dispositivos e engenharia da heteroformação, porque a compreensão e construção da história pessoal e coletiva colocam o sujeito numa posição de ator e autor do decurso da vida, através da narrativa de formação, revelando a importância da autoformação.

A demarcação da formação como uma busca de autonomização (Dominicé, 1988) me permite aprofundar os sentidos, as perspectivas e a clareza do trabalho com a abordagem experiencial no espaço da formação de formadores, na medida em que permite ao sujeito em formação apropriar-se de si, da sua vida e de suas histórias.

As questões vinculadas à formação de formadores e as dimensões autoformativas das narrativas revelam aspectos significativos sobre as noções de acompanhamento, de mediação e de iniciação. Acompanhar-formar e mediar-iniciar, em suas relações dialéticas e formativas evidenciam que as aprendizagens e experiências construídas ao longo da vida são marcadas, tanto pela dimensão pessoal, quanto profissional, e entrecruzam movimentos potencializadores da profissionalização, inscrevendo-se na história de vida de cada sujeito, na sua dimensão de ator e autor de sua própria narrativa de formação. As referências contidas nas noções de acompanhamento, formação, mediação e iniciação no processo de formação de formadores no domínio das histórias de vida e das pesquisas (auto)biográficas revelam modos de compreender a formação, centrada na singularidade, individuação e itinerâncias dos sujeitos no percurso de sua vida-formação.

Referências bibliográficas

BUENO, Belmira Oliveira; CHAMLIAN, Helena Coharik; SOUSA, Cynthia Pereira de; CATANI, Denice Barbara. Histórias de vida e autobiografias na formação de professores e profissão docente (Brasil, 1985-2003). *Educação e Pesquisa*, São Paulo, v. 32, n. 2, p. 385--410, 2006.

CATANI, Denice Barbara. A Didática como iniciação: uma alternativa no processo de formação de professores. In: CASTRO, Amélia Domingues de e CARVALHO, Ana Maria Pessoa de – *Ensinar a ensinar: didática para a escola fundamental e média*. São Paulo: Pioneira, 2001, p. 53-72.

CONTRERAS, José. *A autonomia de Professores*. Trad. de Sandra Trabucco Valenzuela. São Paulo: Cortez, 2002.

DELORY-MOMBERGER, Christine. *Pesquisa (Auto) Biográfica e Educação*. Tradução de Maria da Conceição Passeggi e João Gomes da Silva Neto, Natal: EDUFRN; São Paulo: PAULUS, 2008.

______. *Les histoires de vie. De l´invention de soi au projet de formation*. Paris: Anthropos, 2004.

DOMINICÉ, Pierre. Enjeux de la pratique des histories de vie comme méthode de recherche-formation dans la formation des formateurs. In: DESMARAIS, D. et PILON, J. M. – *Pratiques des histoires de vie*. Au Carrefour de la formation, de la recherche et de l'intervention Paris: L'Hamattan, 1996, p. 137-147.

______. *L'histoire de vie comme processus de formation*. Paris: L'Harmattan, 1990.

______. A biografia educativa: instrumento de investigação para a educação de adultos. In: NÓVOA, António e FINGER, Mathias. *O método (auto)biográfico e a formação*. Lisboa: MS/DRHS/CFAP, 1988.

Education Permanente. L'accompagnement dans tous ses états, Paris, n°153, 2002.

FABRE, Michael. La formation comme régime nocturne: raison narrative et formation. *Education permanente*, nº 122, Paris, p. 179/189, 1995.

______. *Penser la formation*. Paris: PUF, 1994

FANFANI, Emílio Tenti. Consideraciones sociologicas sobre profesionalizacion docente. *Educação e Sociedade*, Campinas, v. 28, n. 99, maio/ago 2007.

______. *La condición docente: análisis comparado de la Argentina, Brasil, Peru y Uruguay.* 2ª Ed., Buenos Aires: Siglo XXI Editores Argentina, 2007a.

HONORÉ, Bernard. *Para una teoria de la formacion*. Trad. de Maria Teresa Palácios, Madrid: Narcea, 1980.

JOSSO, Marie-Christine. *Experiências de vida e formação*. Lisboa: EDUCA, 2002.

______. *Cheminer vers soi*. Suisse: L'Age D'Homme, 1991.

L'accompagnement et ses paradoxes: questions aux usagers, praticiens, scientifiques et politiques. 22 a 24 maio 2003, Tours-Fr. *Anais Colloque International*. Tours: Université François Rabelais de Tours, 2003.

NÓVOA, António (Coord.). *Os Professores e sua formação*. Lisboa: Dom Quixote, 1995.

______. (Coord.). *Profissão professor*. Porto: Porto Ed., 1992.

______. Para o estudo sócio-histórico da gênese e desenvolvimento da profissão docente. *Teoria e Educação*, Porto Alegre, Pannonica, nº 4, p. 109/139, 1991.

PASSEGGI, Maria da Conceição. Mediação Biográfica: figuras antropológicas do narrador formador. In: PASSEGGI, Maria da Conceição e BARBOSA, Tatyana Mabel Nobre (Org.). *Memória, memoriais: pesquisa e formação docente*. São Paulo: Paulus, Natal: EDUFRN, 2008, p. 43-59.

PASSEGGI, Maria da Conceição (Org.). *Tendências da pesquisa (auto) biográfica*. São Paulo: Paulus, Natal: EDUFRN, 2008a.

______. A formação do formador na abordagem autobiográfica. A experiência dos memoriais de formação. In: SOUZA, Elizeu Clementino e ABRAHÃO, Maria Helena Menna Barreto (Orgs.). *Tempos, narrativas e ficções: a invenção de si*. Porto Alegre: EDIPUCRS; Salvador: EDUNEB, 2006, p. 203-218.

PASSEGGI, Maria da Conceição e SOUZA, Elizeu Clementino (Org.). *(Auto) Biografia: formação, territórios e saberes.* Natal: EDUFRN; São Paulo: PAULUS, 2008.

PAUL, Maela. *L'accompagnement: une posture professionnelle spécifique.* Paris: L'Harmattan, 2004.

PETERS, R. S. Educação como iniciação. In: ARCHAMBAULT, R. D. (Org.). *Educação e análise filosófica.* Trad. de Carlos Eduardo Guimarães e Maria da Conceição Guimarães, São Paulo: Saraiva, 1979, p. 101-130.

PINEAU, Gaston. L'accompagnement en formation: de l'avant-naissance à l'après-mort. Entre solidarité et professionnalité. In *Education Permanente,* L'accompagnement dans tous ses états. Paris, n°153, 2002, p. 29-41.

______. La formation em deux temps, trois mouvements. In: PINEAU, Gaston. *Temporalités em formation: vers de nouveaux synchroniseurs.* Paris; Anthropos, 2000, p. 125-137.

______. Experiências de Aprendizagem e Histórias de vida. In: CARRÉ, Philippe e CASPAR, Pierre. *Tratado das Ciências e das Técnicas da Formação.* Trad. Pedro Seixas. Lisboa: Instituto Piaget, 1999, p. 327-348. (Coleção Horizontes Pedagógicos)

______. *Accompagnements et histoire de vie.* Paris, L'Harmattan, 1998.

______. A autoformação no decurso da vida: entre a hetero e a ecoformação. In: NÓVOA, António e FINGER, Mathias. *O método (auto) biográfico e a formação.* Lisboa: MS/DRHS/CFAP, 1988, p. 63/77.

PINEAU, Gaston; LE GRAND, Jean-Louis. *Les histoires de Vie.* Paris: PUF, 1993. (Col. Que Sais-je?).

PINEAU, Gastón; MICHELE, Marie. *Produire sa vie: autoformation et autobiographie.* Paris/Montréal: Edilig/A. St. Martin, 1983.

SOUZA, Elizeu Clementino de. A vida com as histórias de vida: apontamentos sobre pesquisa e formação. EGGERT, Edla; TRAVERSINI, Clarice; PERES, Eliane e BONIM, Iara (Orgs.). *Trajetórias e processos de ensinar e aprender: didática e formação de professores.* Porto Alegre: EDIPURS, 2008, p. 135-154.

______. (Org.) *(Auto)biographie: écrits de soi et formation au Brésil.* Paris: L´Harmattan, 2008a, (Coleção Histoire de Vie – Direção Gaston Pineau).

SOUZA, Elizeu Clementino de. A didática como iniciação: fabricação de identidades, políticas e práticas de formação de professores. In: SILVA, Aida Maria Monteiro et. al. (Org.). *Políticas educacionais, tecnologias e formação do educador: representações sobre a didática e as práticas de ensino.* XIII Encontro Nacional de Didática e Prática de Ensino. Recife: ENDIPE, 2006, p. 15/28.

______. *Autobiografias, Histórias de vida e Formação: pesquisa e ensino.* Porto Alegre: EDIPUCRS; Salvador: EDUNEB, 2006a.

______. Estágio e narrativa de formação: escrita (auto) biográfica e autoformação. In: *Educação & Linguagem*. São Bernardo do Campo, Programa de Pós-graduação em Educação: Universidade Metodista de São Paulo, Ano 8, nº 11, p. 51/74, jan.-jun. 2005.

______. Cartografia histórica: trilhas e trajetórias da formação de professores. In: *Revista da FAEEBA*. Universidade do Estado da Bahia, Departamento de Educação - Campus I, Salvador, vol. 12, n.º 20, p. 431/445, jul./dez., 2003.

SOUZA, Elizeu Clementino e D'ÁVILA, Cristina. Abordagem biográfica e pesquisa Educacional: convergências teórico-metodológicas e práticas de formação. In: DALBEN, Ângela [et al.] (Orgs.). *Convergências e tensões no campo da formação e do trabalho docente: didática, formação de professores e trabalho docente.* Delo Horizonte: Autêntica, 2010, p. 441-462.

SOUZA, Elizeu Clementino; SOUSA, Cynthia Pereira e CATANI, Denice Barbara. La recherche (auto)biographique et l'invention de soi au Brésil ». In: Gaston Pineau (Dir.). *Le biographique, la réflexivité et les temporalités.* Paris: L'Harmattan, 2008, p. 155-170.

SOUZA, Elizeu Clementino de e MIGNOT, A.C. (Orgs) *História de vida e práticas de formação.* Rio de Janeiro: Quartet, 2008.

STEPHANOU, Maria. Introdução. Jogos da memória nas esquinas dos tempos: territórios e práticas da pesquisa (auto)biográfica na pós-graduação em Educação no Brasil. in: SOUZA, Elizeu Clementino e PASSEGGI, Maria da Conceição (Orgs.). *Pesquisa (auto)biografica: cotidiano, imaginário e memória.* Natal, RN: EDUFRN; São Paulo: Paulus, 2008c, p. 18-53.

Documentación narrativa de experiencias pedagógicas: indagación-formación-acción entre docentes

Daniel H. Suárez

Una propuesta de formación centrada en la indagación pedagógica del mundo escolar

La documentación narrativa de experiencias pedagógicas (Suárez, 2007) es una estrategia de trabajo colaborativo entre docentes e investigadores, que está orientada a generar procesos individuales y colectivos de formación docente a través de la realización coparticipada de indagaciones cualitativas del mundo escolar. En tanto que dispositivo de formación, la documentación narrativa está centrada en la elaboración de relatos de experiencia por parte de docentes que co-indagan sus prácticas e interpretaciones pedagógicas. Y, en tanto que tecnología pedagógica tendiente a habilitar nuevas relaciones y prácticas, se dirige a regular las prácticas de escritura, lectura, reflexión, comentario y conversación entre los docentes que transitan su itinerario de trabajo.

Para tornar este proceso más sistemático, la documentación narrativa informa las estrategias de formación-investigación que propone en una serie de criterios epistemológicos provistos por las tradiciones interpretativa y crítica en teoría social, y se inspira en otro conjunto de recomendaciones metodológicas provenientes de la etnografía de la educación, la investigación (auto)biográfica y narrativa y la investigación-acción-participativa. Asimismo, se referencia en experiencias de formación horizontal y toma como antecedente directo a ciertas estrategias de desarrollo profesional que hacen hincapié en la investigación de las prácticas escolares por parte de los mismos docentes en formación (investigación docente). A partir de estos recaudos, el trabajo pedagógico entre pares está dirigido a re-posicionar a los docentes en relación con el desarrollo del currículum; la producción, publicación y circulación del conocimiento pedagógico; la re-construcción de la memoria pedagógica de la escuela; y la propia formación y desarrollo profesional. Desde estos desplazamientos, cuestiona los límites planteados por las modalidades de formación e intervención docente que se fundamentan en la racionalidad técnica e indolente vigente.

En efecto, interpelados como *productores* de saber pedagógico y como *autores* de documentos narrativos que tienden a recrear el lenguaje de la pedagogía, son los propios docentes narradores quienes colaboran a reconstruir los saberes, palabras, imágenes y experiencias pedagógicas vividas, mediante las diversas estrategias de escritura y re-escritura, "edición pedagógica", publicación y circulación especializada de los relatos que constituyen a la documentación narrativa como dispositivo. Estas prácticas de indagación narrativa y sus resultados, los relatos de experiencia, pretenden documentar aspectos "no documentados" de la experiencia escolar con el objeto de activar la memoria pedagógica de escuela, recrear las imágenes e interpretaciones del mundo escolar, y disponer públicamente y poner en circulación otras versiones de la historia escolar, otras formas de decir, escribir, contar y pensar lo que allí acontece (Növoa, 2003). La documentación narrativa se encauza asimismo con los objetivos transformadores de la tradición crítica en la medida en que sus procesos colectivos de trabajo se orientan a desestabilizar y reconstruir las comprensiones pedagógicas de los docentes que narran. Para lograr esas metas, hace uso de estrategias de indagación cualitativa participante que buscan volver más sutiles e informadas la lectura y la escritura de los docentes acerca de su mundo profesional y laboral, de la vida cotidiana de la escuela y de las cosas que hacen, piensan y sienten para tornarla experiencia vivida y reflexionada.

Como sabemos, la práctica de la escritura implica necesariamente reflexión (Barthes, 1994), y la escritura de relatos de experiencia resulta ser un proceso de formación en sí mismo (McEwan, 1998): escribir una narración o un testimonio autobiográfico supone interpretación, construcción y reconstrucción de sentidos, de lecturas del mundo y de la propia vida (Sarlo, 2005). Por eso, cuando los docentes se convierten en narradores de sus propias experiencias escolares, dejan de ser los que eran, se trans-forman, son otros. Asumen una posición reflexiva que desafía las propias comprensiones, reconfigura las propias trayectorias profesionales y resignifica las propias acciones e interpretaciones sobre la escuela. Y cuando lo hacen junto con otros docentes narradores, se aventuran a una reconstrucción compartida de la propia posición en la enseñanza que desestabiliza las certezas naturalizadas por la racionalidad dominante y que desdibuja la ingenuidad de las propias miradas superficiales. Desde esta perspectiva, entonces, narrar no es simplemente registrar o representar el mundo y nuestras vidas a través de modalidades de documentación pedagógica poco habituales, sino más bien repensar y producir de nuevo la experiencia vivida y compartida a partir del relato. Narrar es pensar y re-pensar por escrito sobre nuestras prácticas, nuestras vidas, nuestros mundos, es re-inventarlos al volverlos a nombrar pero con otras palabras, es formar-se junto con otros.

Recaudos metodológicos de la documentación narrativa

Es posible identificar una serie de recaudos metodológicos que ayudan a orientar y regular los procesos de indagación-formación-acción que promueve la documentación narrativa. Tomados en conjunto, constituyen parte de las condiciones de posibilidad para que la estrategia de trabajo pueda llevarse a cabo de acuerdo a coordenadas contextuales, organizacionales y técnico-pedagógicas adecuadas. Al mismo tiempo que ayudan a configurar las "reglas de juego" del dispositivo, estos recaudos permiten delinear aspectos críticos, sobre todo en lo relativo a la creación y el sostenimiento de ciertas "condiciones de producción" de relatos de experiencia escritos por docentes que se mueven en espacios institucionales y organizacionales gobernados por regulaciones que muchas veces tienden a inhibir o desautorizar las prácticas narrativas de sus agentes. A continuación enumeraré algunos de estos recaudos:

Generar y sostener condiciones político-institucionales

Uno de los recaudos metodológicos más importantes para implementar el dispositivo de la documentación narrativa tiene que ver con la necesidad de generar y sostener ciertas condiciones políticas, institucionales y técnico pedagógicas que hagan posible que los docentes escriban, lean, reflexionen y conversen en torno de relatos de sus propias prácticas pedagógicas *como parte* de su actividad laboral y de su propia formación profesional. Además esas condiciones deberán permitir y promover que se involucren colectivamente en la "edición pedagógica" de sus relatos, en la publicación de sus documentos narrativos y en la circulación de estos textos públicos en circuitos especializados de deliberación pedagógica (circuitos de autoformación, redes de producción pedagógica, colectivos de docentes narradores). Se trata básicamente de definir nuevas reglas de juego político-educativas, habilitaciones y autorizaciones que hagan plausible que los docentes puedan comprometerse en procesos de documentación pedagógica con el apoyo de las administraciones escolares, o de otras instituciones u organizaciones colectivas que otorguen legitimidad y validez pedagógica a estas tareas y su aval político o académico a sus producciones.

Crear y mantener condiciones de producción de relatos docentes

También resulta necesario generar desde el principio y sostener durante todo el proceso una serie de "condiciones técnico-pedagógicas" para la producción textual y formativa. Pueden haberse logrado ya los acuerdos institucionales y las decisiones políticas mínimas para el desarrollo de procesos de escritura de docentes, pero para llevar adelante procesos de documentación narrativa se requieren además otra serie de recuados que tienen que ver con la creación de ciertas "condiciones de producción" y con el establecimiento de determinadas "reglas de enunciación" para los relatos de experiencia escritos por los docentes. Sin ellas difícilmente las prácticas narrativas de los docentes sean posibles y si lo son, distarán de estar informadas en la indagación narrativa del mundo escolar y de la propia experiencia en él.

Documentar narrativamente experiencias pedagógicas no es solamente escribir relatos, ni tampoco escribirlos a solas o caprichosamente. Es inscribir, indagar y reflexionar sobre la propia narrativa pedagógica en el marco de un conjunto de regulaciones metodológicas, técnicas y operativas bastante específicas; implica recorrer junto con otros todos los "momentos" de un itinerario de trabajo pedagógico que, además de escribir, supone leer, comentar y conversar en torno de las distintas versiones de los relatos y volver a escribir las siguientes; significa afiliarse a una "comunidad interpretativa" (Palti, 1998) constituida por pares, por docentes narradores que indagan pedagógicamente sus prácticas y que se orientan a elaborar otras formas de nombrar y hacer al mundo escolar.

Estos recaudos refieren a los procesos localizados de desarrollo del dispositivo, esto es, al proceso de indagación y formación co-participado que llevan adelante los docentes narradores y los investigadores educativos en contextos pedagógicos particulares. Y es en torno de estas cuestiones que los criterios de trabajo pedagógico de la documentación narrativa dialogan con los principios teóricos y metodológicos de las tradiciones de investigación etnográfica, narrativa y participativa, y a traducir a sus propios términos los supuestos y debates epistemológicos que las atraviesan.

Documentar lo "no documentado" de la experiencia escolar

De la etnografía de la educación, por ejemplo, la documentación narrativa toma prestada la exigencia metodológica de que las narraciones de los docentes se orienten a "documentar los aspectos no documentados" (Rockwell, 2009) del mundo escolar. E incorporan esa "intención etnográfica" (Wolcott, 1993) en sus denominaciones: al proceso de producción de los relatos de experiencia lo llama "*documentación* narrativa", y una vez publicados, los relatos de los docentes se llamarán "*documentos* narrativos". Al igual que las monografías descriptivas que producen los etnógrafos (Batallán, 2007), estas producciones textuales pretenden dar cuenta de las comprensiones e interpretaciones que hacen jugar los agentes mientras viven y hacen sus mundos culturales, e incorporan en su trama las propias interpretaciones que elabora el investigador sobre esas interpretaciones. Como las producciones textuales de los antropólogos, los relatos de experiencia escritos por docentes se informan en procesos de indagación cualitativa, deben mostrar que el narrador "estuvo allí" y que pueden dar cuenta de la "visión de los nativos". Pero a diferencia de los informes etnográficos convencionales, el docente narrador es él mismo un "nativo" que cuenta y describe *su* mundo y *su* "estar allí", pero que se han vuelto "extraños" (y él mismo un "extranjero") a partir de las objetivaciones escritas y de los ejercicios de reflexividad que promueve la indagación narrativa del dispositivo metodológico.

A la vez, los relatos de experiencias escritos por docentes deben estar asimismo dirigidos y dar cuenta del "estar aquí", esto es, del conjunto de convenciones y reglas de composición textual que hacen posible tornar inteligible ese "conocimiento local" en los términos de un discurso público. Sólo que a diferencia del "estar aquí" de los etnógrafos, que refiere a los criterios de validación y confiabilidad y al "juego de lenguaje" propios del campo académico y antropológico, las prácticas de traducción y comunicabilidad de los relatos de experiencias pedagógicas construidos mediante dispositivos de documentación narrativa se inclinan a inscribir estos discursos en el debate público acerca de la educación. Y esto supone una serie de mediaciones político-educativas y de recaudos metodológicos distintos a los del campo académico.

Por supuesto, también la investigación biográfico-narrativa aporta un conjunto importante de orientaciones metodológicas. En principio, es especialmente tenida en cuenta su insistencia teórica respecto de la "naturaleza contextual, situada, específica y compleja de la experiencia" social, biográfica y pedagógica que tiene lugar en el mundo escolar (Bolívar, 2002). Junto con ella, entra en juego en la construcción de los relatos de experiencia la necesidad metodológica de incluir en el desarrollo de sus comprensiones e interpretaciones las "dimensiones éticas, emotivas y políticas puestas en juego por los agentes". En efecto, en sus esfuerzos por reconstruir los "mundos de vida" (Ricoeur, 2001) de los ámbitos educativos, lo subjetivo y la experiencia vivida de los protagonistas de la acción deberán estar en el centro de la escena y de la trama de las narraciones docentes: éstas deberán contar no sólo "lo que pasa" en la escuela, sino también "lo que *les* pasa" a los personajes del relato, que son asimismo los narradores de la historia.

Promover relaciones horizontales, estimular la participación, conformar colectivos de docentes narradores

Además de estas cuestiones y distinciones, los procesos de documentación narrativa hacen suya la afirmación teórica de la tradición de investigación narrativa y (auto)biográfica que enfatiza el "carácter necesariamente dialógico, comunitario y relacional" del conocimiento pedagógico construido mediante sus estrategias (Bolívar, 2002). Relatar historias escolares con contenidos autobiográficos supone incluir en la narración no solamente la voz del que narra y protagoniza la experiencia en cuestión, sino también otras voces (las de otros actores del mundo social que se habita, las de otros intérpretes extranjeros de ese mundo) que le dan polifonía, densidad significativa y profundidad conceptual al propio relato. Por otra parte, según esta perspectiva, narrar es siempre "contar algo a alguien" e implica un "proceso dialógico de comprensión y significado" entre el narrador y el (posible) lector en busca de una "verdad consensuada", intersubjetiva, comunitaria". En el caso de la documentación narrativa se trata, en primera instancia, de contar por escrito una historia pedagógica a otros docentes narradores que participan del itinerario de trabajo desplegado por el dispositivo metodológico y, luego, a otros docentes que se relacionan entre sí en torno de estos textos a partir de su publicación y circulación.

Desde estos entendimientos teórico-metodológicos, entonces, surge la constatación de que la investigación narrativa es siempre co-participada y de que, en consecuencia, sus criterios metodológicos deberán tener especialmente en cuenta la necesidad de generar y sostener relaciones de colaboración entre los que participan en ella. Esto es absolutamente válido para el caso de la documentación narrativa. De hecho, sus arreglos metodológicos y técnicos están particularmente orientados a establecer y regular relaciones horizontales, empáticas y productivas, tanto entre los docentes que documentan sus experiencias y los investigadores que coordinan el proceso, como entre los docentes narradores entre sí. Tal como lo solicitan Connelly y Clandinin (1995), se dirigen a constituir "comunidades de atención mutua" y a edificar relaciones de escucha, respeto y circulación de la palabra entre sus miembros, con el objeto de propiciar conversaciones que coadyuven al entendimiento recíproco y a la producción co-participada de conocimientos críticos acerca de la educación.

No obstante, sobre estas cuestiones vinculadas con la horizontalidad en las relaciones de producción de conocimiento, la participación genuina, la co-investigación y la co-formación como exigencias metodológicas, la investigación-acción-participativa y, en particular, la "investigación docente" han hecho los aportes más importantes. Sólo que las han planteado como premisas para construir otra política de conocimiento para el campo pedagógico y como estrategias de conocimiento para la acción transformadora. La advertencia de que se debe garantizar la "participación auténtica" (Anderson, 2001) de *todos* actores de la co-investigación en *todos* los momentos del proceso de construcción de conocimientos en el marco de "sistemas democráticos de significados" (Kincheloe, 2001), llevan a considerar la necesidad de incluir la participación de los docentes en todos los "momentos" del dispositivo de la documentación narrativa. Esto es, además de involucrarse protagónicamente en el proceso de producción textual de los relatos, los docentes narradores también deberán participar de manera activa y colectiva en la definición de los criterios y las acciones de publicación y en la puesta en circulación de los relatos. De esta manera, a través de la documentación narrativa los docentes narradores no sólo tendrán la oportunidad de incluir sus palabras, sus saberes y sus experiencias pedagógicas en el debate público sobre la educación, sino también la de delimitar el sentido de la indagación narrativa y del proceso de formación propios que hicieron posible que se pronunciaran, se recrearan y se reconstruyeran.

Otro recaudo metodológico importante consiste en la necesidad de conformar colectivos de docentes narradores que indagan sus mundos y prácticas escolares, tanto durante el transcurso de su itinerario de trabajo como al final del proceso. En efecto, no se trata tan sólo de constituir comunidades de atención mutua entre docentes narradores para garantizar coordenadas técnico-pedagógicas adecuadas para el proceso co-participado de indagación y de formación, sino también de colaborar en la redefinición y la transformación de las comunidades de prácticas y discursos profesionales que le vienen dando identidad al trabajo docente, a través de procesos colectivos de toma de conciencia y de la disposición y circulación pública de documentos narrativos escritos por docentes. La producción de documentos narrativos supone activar la escritura en colectivos de pares: entre cada escritura y cada re-escritura de las sucesivas versiones del relato existe la mediación de otros, de colectivos de docentes narradores que leen, comentan y conversan en torno de relatos. Pero también apunta a que en torno de la lectura, deliberación y crítica pedagógica de esos relatos, se conformen nuevos colectivos de docentes y redes pedagógicas que, durante o luego de la implementación del dispositivo, repiensen la propia posición en la enseñanza escolar, el conocimiento educativo, las tareas del currículum y su propia formación, y se movilicen políticamente para modificarlas en la práctica.

Validar y legitimar el saber reconstruido

Resulta claro que los recaudos metodológicos para la ponderación de procesos de documentación narrativa tienen que ver con la necesidad de construir (o reelaborar) e incorporar a su dispositivo de trabajo "criterios de validez" específicos a estas modalidades heterodoxas y participativas de producción de conocimientos críticos. La producción de relatos de experiencia pedagógica a través de la documentación narrativa pretende contribuir a redefinir los términos de la pedagogía pública y a que el saber pedagógico reconstruido a través de su dispositivo converse con otras formas de conocimiento educativo también disponibles. Pero para hacerlo, ese saber pedagógico reconstruido a través de relatos de experiencia tendrá que someterse a ejercicios de reflexividad y a evaluaciones rigurosas en el mismo proceso y después de su elaboración, que les otorguen confiabilidad y legitimidad.

Estos criterios de validación son diferentes a los de la ciencia social convencional y deben responder a los propósitos y condiciones especiales de la documentación narrativa. Por eso, para formularlos e incorporarlos efectivamente en los procesos de indagación-formación-acción que propone, se debe pasar de atender a la objetividad, la neutralidad, la despersonalización, el control, la predicción, la verificación y la explicación exigidos por la ortodoxia del pensamiento social, a considerar seriamente los criterios de verosimilitud, compromiso, empatía, participación, crítica, comprensión, significado y acción transformadora demandados por las tradiciones de investigación cualitativa, participativa y crítica (Connelly y Clandinin, 2000).

Gary Anderson y Kathryn Herr (2007) proponen una serie de "criterios tentativos de validez" o de "confiabilidad" para estos tipos específicos de investigación participativa, que pueden ser extensivos a los procesos y productos de la documentación narrativa:

— la "*validez de la resolución del problema*": "una manera de determinar la validez de la investigación-acción (docente)" es preguntarse hasta qué punto las acciones condijeron a las resolución del problema planteado -en el estudio- o a un entendimiento más profundo del problema". Por otro lado, "la validez de resultados reconoce el hecho de que la investigación acción no solo resuelve localmente problemas sino que los reconceptualiza en una forma más compleja, conduciendo a un nuevo ciclo de investigación";

— la "*validez del proceso*": que "cuestiona hasta qué punto los problemas bajo investigación se entienden y se resuelven de una manera que permite el aprendizaje continuo del individuo o sistema". Este tipo de validez "requiere de la inclusión adecuada en el proceso de investigación de múltiples perspectivas para la triangulación";

— la "*validez democrática*" es la que "se refiere al grado de colaboración del investigador con todos los participantes afectados por el problema bajo investigación" y que requiere de la "inclusividad como asunto de ética y justicia", pero también como recurso metodológico;

— la "*validez catalítica*", que se refiere "al grado en que el proceso de la investigación reorienta y motiva a los participantes a analizar y entender la realidad con el fin de transformarla", y que "requiere una especie de co-aprendizaje en el cual tanto el investigador como los participantes llegan a reorientar su forma de entender el mundo tanto de la práctica como de la vida social"; y

— la "*validez dialógica*", es decir, la que surge de la confrontación entre pares y la evaluación conversada entre los participantes e investigadores de las interpretaciones y conocimientos surgidos durante el proceso espiralado y cíclico de investigación.

El trayecto de indagación y formación

Más allá de la forma particular que esta modalidad de indagación-formación-acción tome en cada caso en particular, es posible delimitar y describir una serie de "momentos" o instancias de trabajo que permiten una mirada más completa del trayecto de formación e indagación delineado por el dispositivo. Esos "momentos" son: a) la identificación y la selección de experiencias; b) la escritura y re-escritura de distintas versiones del relato; c) la lectura, los comentarios y la conversación en torno de las sucesivas versiones de los relatos, es decir, la "edición pedagógica"; d) la publicación de los relatos; y e) la circulación de los documentos narrativos en circuitos especializados.

Identificación y selección de experiencias a documentar

La identificación y la selección de las experiencias a documentar pueden considerarse el "momento" inicial del trayecto, aunque las operaciones intelectuales que están involucradas con su desenvolvimiento se encuentren vinculadas con las de las otras instancias de trabajo. En un primer momento, las tareas destinadas a definir qué experiencias se van a documentar es estratégica en al menos dos sentidos. En uno, porque supone la negociación y la conciliación de las expectativas, intereses y perspectivas de indagación, de formación y de intervención pedagógica de diversos sectores y actores vinculados con la iniciativa. En otro, porque esas definiciones respecto de qué documentar (en especial, el lenguaje pedagógico que utilizan para hacerlo) incidirán en la formulación de las coordenadas del trabajo pedagógico entre pares que regulará las prácticas de narrativas de los docentes.

La identificación y selección de la experiencia o de aspectos de la experiencia a documentar por parte del docente implica un conjunto de operaciones intelectuales relativamente complejas y reguladas por la serie de recaudos metodológicos que ya describí. En primera instancia, a través de estrategias inspiradas en la metodología de taller, los investigadores-coordinadores disponen un conjunto de ejercicios para que los docentes evoquen experiencias pedagógicas vividas, así como para que releven y registren huellas y rastros materiales de las prácticas pedagógicas desplegadas. A través de ellos, se espera que los docentes puedan indagar en la memoria personal, en la de otros docentes e informantes clave de la experiencia a relatar, en la memoria institucional de la escuela que la albergó, y alcancen a ensayar una primera reconstrucción mental, oral y escrita de la experiencia en cuestión. Posteriormente, se les solicita que cuenten oralmente esa experiencia reconstruida a otros colegas del grupo. El hecho de "contarla a otros" le permite a cada docente participante construir un primer borrador de la trama narrativa del relato y, al mismo tiempo, producir una primera objetivación de la experiencia reconstruida. Las preguntas y comentarios de los colegas y del coordinador colaboran asimismo a cuestionar la versión oral del relato de experiencia que cada uno hizo y a provocar la reflexión e indagación de aspectos poco atendidos, desdibujados o controversiales de cada versión relatada.

Luego de estos primeros ensayos narrativos orales y de la conversación alrededor de ellos, los docentes participantes pasan a realizar unas primeras de prácticas de escritura dirigidas a lograr una mayor objetivación de la experiencia, aunque todavía no resulten de ellas relatos de experiencia. La lectura de los pares y del coordinador del proceso de estos primeros textos relativos a la experiencia seleccionada por cada uno facilita una nueva ronda de reflexiones e intercambios, que ahora se tornan más fundamentados. Asimismo, esas interpretaciones informan los ulteriores comentarios, interrogantes, observaciones, que se les devuelven al docente que los escribió y que inician una ronda de conversaciones en torno de los bocetos de los relatos elaborados. Como puede apreciarse, las operaciones de indagación narrativa que dispone el itinerario de trabajo implican la colaboración reflexiva del colectivo a través de una serie de "técnicas de recolección de datos" propios de la investigación narrativa y etnográfica: notas de campo, entrevistas abiertas, conversaciones con informantes clave, diarios profesionales, fotografías, videos.

Escritura y re-escritura de versiones sucesivas de relatos de experiencia

El itinerario de la documentación narrativa prevé un segundo "momento" específicamente orientado a la escritura y re-escritura de diferentes y sucesivas versiones de los relatos de experiencia por parte de los docentes, hasta llegar a una "versión publicable" del texto. Esto es, hasta que el relato de experiencia en cuestión soporte el conjunto de criterios definidos por el colectivo de pares para la publicación de los relatos. En este momento decisivo, los docentes llevan adelante una serie de producciones textuales muy específicas, que tienen como insumos centrales a los relatos orales y los primeros textos producidos en el momento de identificación y selección, pero que también toman en cuenta a los relatos, comentarios y descripciones ofrecidos por informantes clave entrevistados, otros registros documentales de la experiencia (como por ejemplo, proyectos y planificaciones, registros de observaciones, reportes de evaluaciones, diarios profesionales, videos, fotos) y, por supuesto, los recuerdos activados, reflexionados y recreados al escribir y re-escribir.

Cada re-escritura es una ocasión para que cada docente narrador profundice la indagación de la experiencia mediante conversaciones y entrevistas en profundidad, trabajo de archivo y sistematización de materiales documentales, nuevos análisis e interpretaciones del material relevado y recordado y re-interpretaciones de las situaciones vividas y las prácticas escolares desplegadas. De esta manera, cada versión del relato es una oportunidad para "pasar en limpio" la experiencia, para volver a pensarla, para volver a interrogarla, para volver a nombrarla, pero con otras palabras y otros sentidos. Ésta es la instancia del itinerario en la que se "fija" textualmente, aunque siempre de manera provisoria, a la experiencia, y en la que ésta adquiere un grado de objetivación, que permite volver a reflexionarla y cuestionarla, una y otra vez y con mayor distanciamiento, por quién la protagonizó y ahora la reconstruye mediante sus prácticas narrativas. Al mismo tiempo, es el momento en el que los docentes narradores dotan de densidad pedagógica a la intriga narrativa que articula y da sentido a los distintos contenidos de la experiencia, hasta entonces dispersos y fragmentarios. A partir de la progresiva configuración de la trama del relato, los docentes narradores incorporan al texto sus propias descripciones e interpretaciones de los hechos narrados, y los tensionan con los puntos de vista de otros participantes de la experiencia. El relato de experiencia va ganando verosimilitud, reflexividad y complejidad a medida que su narrador lo va escribiendo y re-escribiendo a lo largo del proceso de documentación y, de manera simultánea, el docente que lo escribe y re-escribe va construyendo y apropiándose activamente de formas de conciencia discursiva que no poseía antes de desplegar sus prácticas de indagación narrativa. De esta forma, formación docente, indagación pedagógica del mundo escolar y prácticas narrativas se articulan hasta confundirse en el mismo proceso de documentación. El recorrido de trabajo sobre las distintas versiones del relato supone, además, el ejercicio de otras prácticas de escritura complementarias, no necesariamente narrativas, que colaboran a tornar aún más reflexivo el proceso y a generar un corpus significativo de documentos y fuentes para cada re-escritura. Además de los relatos de experiencia pedagógica, el momento de la escritura y re-escritura contempla la producción de "notas de campo", "relatos de experiencias de escritura", "estampas", ensayos y notas autobiográficas, índices, esquemas, bocetos, crónicas, cronologías, que acompañan e informan la producción narrativa de los docentes.

Casi todas las estrategias que se despliegan en este momento del itinerario tienden a convertir el "decir" y el "conversar" en "escribir" y, más precisamente, en escribir relatos de experiencia. Comienzan casi siempre con una provocación para que los docentes destraben la escritura y comiencen a escribir relatos en primera persona. Por las condiciones de producción de textos vigentes en el aparato escolar, las prácticas de escritura de los docentes suelen ser descomprometidas y despersonalizadas, y las reglas de enunciación que propicia la documentación narrativa pretenden que los docentes sean, a la vez, los protagonistas y los narradores de la historia. Por eso, uno de los primeros ejercicios que disponen los investigadores-coordinadores de proceso tiene que ver con la escritura de un relato auto-biográfico a partir del cual puedan contarse por escrito cosas que usualmente se cuentan hablando y conversando. Los ejercicios de taller iniciales que proponen los investigadores-coordinadores están dirigidos a que cada docente defina un "plan de escritura" que le permita aproximarse a la propia narración del relato. En términos más específicos, esas ejercitaciones pretenden orientar una serie de decisiones de escritura relativas al título y el contenido del relato, mientras que otras más avanzadas pretenden regular las elaboraciones narrativas relativas a los tiempos en el relato y la posición del docente como narrador de experiencias pedagógicas que vivió. Al mismo tiempo, algunas de las sugerencias metodológicas del dispositivo promueven la escritura de una cronología y luego de una crónica de la experiencia y otras, ya más sistemáticas y complejas, proponen la construcción de un índice y de un boceto o bosquejo del relato de la experiencia en cuestión.

Lectura, comentarios y conversación en torno de relatos de experiencia, o "edición pedagógica"

Las prácticas de lectura, comentarios y conversación en torno de los relatos de experiencia que llevan adelante los docentes durante la documentación narrativa, están íntimamente imbricadas con los ritmos, dinámica y lógica de las prácticas de escritura de sus sucesivas versiones. No obstante, manifiestan una clara especificidad metodológica, así como observan una serie de recaudos técnicos y operativos particulares. En una primera enumeración de las tareas de "edición pedagógica" podemos señalar a las que siguen:

- las lecturas y re-lecturas propias, de otros docentes narradores y del coordinador del proceso de las versiones parciales y finales de los relatos de experiencia y otros textos complementarios producidos por los integrantes del colectivo de pares;
- la reflexión, la interrogación y la interpretación, individuales y colectivas, del "mundo del relato", esto es, de los contenidos (aspectos, cuestionamientos e interpretaciones) de la experiencia pedagógica reconstruida y narrada y del mundo escolar interpretado;
- la conversación y deliberación pedagógica entre pares cercanos, en un ámbito grupal y regulado por estrategias de taller, en torno de esa experiencias y de los saberes pedagógicos reconstruidos narrativamente mediante los relatos;
- la elaboración y comunicación a los docentes narradores de preguntas, sugerencias y comentarios escritos y orales, individuales y colectivos, que estén informados en esas lecturas, reflexiones, interpretaciones, conversaciones y deliberaciones, sobre los relatos de experiencias en cuestión; y
- la evaluación de de la comunicabilidad del texto escrito y de la recepción del relato pedagógico y la toma de decisiones respecto de las oportunidades para su publicación y circulación en circuitos especializados.

Es a través de esta serie de prácticas complejas que los docentes narradores inscriben sus relatos en un circuito de lecturas, reciben comentarios a su propio texto y entregan comentarios a textos de otros, siempre con la finalidad de colaborar en las prácticas de documentación y a mejorar los relatos que surgen de ellas. Por eso, las actividades desplegadas durante la edición pedagógica son decisivas en el proceso de formación e indagación entre pares que articula y regula el dispositivo metodológico, y asimismo ratifican que la documentación narrativa no se resuelve tan sólo con la escritura solitaria y reflexiva. Pero sus tareas y ejercicios son estratégicos no sólo porque contribuyen a que la producción narrativa del colectivo de los docentes se torne más voluminosa y se publique, o porque informan las prácticas de indagación y "trabajo de campo" vinculadas con las de la escritura. Los son fundamentalmente porque están dirigidos a colaborar reflexivamente en el proceso de toma de conciencia discursiva y crítica de los protagonistas y narradores de las experiencias, y de hacer más densas y sutiles sus interpretaciones y descripciones pedagógicas del mundo escolar donde las llevan a cabo.

Este momento del itinerario de trabajo es altamente recursivo y extendido en el tiempo, y a su vez está necesariamente comprometido con las dimensiones colectivas puestas en juego por el dispositivo. Las actividades de lectura interesada, los comentarios cruzados y la conversación entre pares que se activan durante su despliegue, convierten los objetos de pensamiento, sistematizados y fijados provisoriamente por la escritura y la re-escritura individual de los relatos, en objetos de reflexión grupal, de interrogación y cuestionamiento colectivos del texto, y de problematización pedagógica conjunta de las experiencias vividas y narradas. La soledad de la escritura y la re-escritura de los relatos se ven así quebradas por la lectura y los comentarios de otros (los pares y el coordinador del proceso), y la intriga pedagógica tejida por el docente narrador en el relato comienza a destejerse y conjugarse en el juego de lecturas, interpretaciones, deliberaciones compartidas y de re-escrituras sucesivas, que van constituyendo a esa comunidad de atención mutua en una comunidad de prácticas y discursos pedagógicos especializados.

Publicación de los relatos de experiencia pedagógica

Los problemas políticos, metodológicos y técnicos de la publicación de los relatos de experiencias están presentes a lo largo de todo el itinerario de trabajo. Una vez seleccionadas las experiencias a documentar, durante los procesos de escritura y re-escritura y, sobre todo, en la edición pedagógica, los coordinadores de proceso propician debates colectivos sobre las "criterios de publicabilidad" de los relatos. Estas instancias colectivas de toma de decisiones se focalizan casi siempre sobre qué relatos de experiencia publicar del corpus que va logrando el colectivo de docentes narradores y sobre cómo, mediante qué formatos y soportes, tornarlos públicamente disponibles. De esta forma, las cuestiones relativas a la publicación y la circulación de los relatos de experiencias se actualizan a cada paso del trayecto, y convocan a la participación cada vez más activa de los docentes narradores como editores de su propia producción narrativa.

No obstante esta persistente preocupación por los problemas de la publicación, se distingue con nitidez un "momento" específico dirigido a debatir y decidir colectivamente las estrategias, soportes y modalidades de publicación. Ya sea a través de los ejercicios reflexivos, debates y conversaciones de los colectivos de docentes narradores promovidos por los animadores de la edición pedagógica, o a través de "comités editoriales" constituidos *ad hoc* por docentes narradores e investigadores, se recorta del conjunto una serie de operaciones que permiten identificarlas como una instancia de trabajo diferenciada. Esto es así, entre otras cosas, porque hacia el final del itinerario, los debates y la toma de decisiones sobre la publicación se vuelven una conversación explícitamente político-pedagógica acerca de cómo intervenir de manera alternativa en el debate público acerca de la educación.

La publicación y la circulación de los documentos narrativos constituyen la culminación del proceso regulado por el dispositivo y, al mismo tiempo, resulta en un "acontecimiento político-pedagógico" importante, ya que se ha producido la inversión de una relación de saber y de poder vigente en el aparato escolar, y que esta discontinuidad en la serie ha dejado marcas relativamente perdurables y reconocibles en el campo pedagógico (Foucault, 1985). Toda la movilización y organización de tiempos, espacios y recursos desplegados durante el trayecto se condensan en este momento. Y en el acto de tornar público uno de sus resultados más concretos, ratifica a la estrategia de trabajo como una modalidad de producción colectiva de saberes pedagógicos críticos. La publicación de historias escolares relatadas por docentes constituye una instancia estratégica del itinerario justamente porque es el momento en que los docentes narradores se convierten en autores de documentos pedagógicos y, a través de ellos, sus saberes y experiencias alcanzan el mayor grado de objetividad y extrañamiento posibles.

Circulación de los documentos narrativos de experiencias pedagógicas

El momento de la circulación de los documentos narrativos está articulado con las actividades de publicación y con la tentativa político-pedagógica de intervenir críticamente en el espacio público y en el debate especializado sobre la educación. De hecho, la difusión de los relatos de experiencia a través de diferentes medios, soportes y estrategias y en diferentes circuitos de recepción especializada, multiplica el acontecimiento político de la publicación, lo especifica en determinados ámbitos de deliberación pedagógica y lo complementa con su proyección en la disputa por legitimarse como una forma de saber válida. No obstante, las estrategias de intervención a diferentes niveles y con diferentes actores educativos que establece la circulación de los documentos narrativos son de una índole bastante diferente a las anteriores, ya que implican la movilización de esfuerzos, recursos e inventiva de los colectivos de docentes autores hacia otros circuitos de producción de discursos y prácticas pedagógicas.

Por eso, puede describirse como una instancia de trabajo pedagógico entre pares diferenciada que, en términos genéricos, tiende a responder reflexiva, operativa y políticamente a la pregunta sobre qué hacer con los relatos cuando ya están publicados, Desde este punto de vista, puede reconocerse a las actividades de difusión de los relatos como el momento en el que el dispositivo metodológico está dirigido con mayor firmeza a propiciar oportunidades y promover recursos para dar cuenta de manera efectiva del "imperativo pragmático" de la tradición crítica (Santos, 2008). Su sentido se cifra justamente en promover revisiones efectivas y perdurables en las dinámicas y relaciones de trabajo pedagógico de las escuelas, en las modalidades de organización curricular e investigativa de las instituciones de formación docente y en otros ámbitos del campo educativo en los que el saber pedagógico se crea, se legitima y circula. Es precisamente en la eficacia de esta intervención donde los criterios de validez de resultados, de proceso, democrática, dialógica y, sobre todo, catalítica se tornan indispensables, determinantes, críticos. En última instancia, será la capacidad de los colectivos de docentes narradores de hacer circular su producción intelectual y de hacerla emerger e incidir en el debate público y especializado sobre la educación, lo que termine validando el dispositivo de trabajo pedagógico entre docentes y verificando la pragmática de sus intervenciones metodológicas, técnicas y políticas en el campo de la investigación educativa. Después de todo, esta estrategia de indagación-formación-acción no trata tan sólo de comprender mejor el mundo escolar, sino también aspira a transformarlo a través nuevas denominaciones y formas de pensamiento pedagógico diferentes a las habituales.

Referências bibliográficas

ANDERSON, Gary (2001), "Hacia una participación auténtica: deconstruyendo los discursos de las reformas participativas en educación", en Narodowski, M. y otros (editores), *Nuevas tendencias en políticas educativas*. Buenos Aires: Temas/Fundación Gobierno y Sociedad.

ANDERSON, Gary y HERR, Kathryn (2007), "El docente¬ investigador: investigación¬ acción como una forma válida de conocimientos", en: Sverdlick, I. (comp.) (comp.), *La investigación educativa. Una herramienta de conocimiento y acción*. Buenos Aires: Novedades Educativas.

BARTHES, Roland (1994), *El susurro del lenguaje. Más allá de la palabra y la escritura*. Barcelona: Paidós.

BATALLÁN, Graciela (2007), *Docentes de infancia. Antropología del trabajo en la escuela primaria*. Buenos Aires: Paidós.

Bolívar, Antonio (2002), "'¿De nobis ipsis silemus': epistemología de la investigación biográfico¬ narrativa en educación", en *Revista Electrónica de Investigación Educativa*, Vol. 4, N°1.

CONNELLY, F. Michael y CLANDININ, D. Jean (1995), "Relatos de experiencia e investigación narrativa", en Larrosa, J. y otros, *Déjame que te cuente. Ensayos sobre narrativa y educación*. Barcelona: Laertes.

FOUCAULT, Michel (1985), *La arqueología del saber*. México: Siglo XXI.

KINCHELOE, Joe (2001), *Hacia una revisión crítica del pensamiento docente*. Barcelona: Octaedro.

MC EWAN, Hunter (1998), "Las narrativas en el estudio de la docencia", en MC EWAN, H. y EGAN, K. (comp.), *La narrativa en la enseñanza, el aprendizaje y la investigación*. Buenos Aires: Amorrortu editores.

NÓVOA, Antonio (2003), "Textos, imágenes y recuerdos. Escritura de 'nuevas' historias de la educación", en POPKEWITZ, T., FRANKLIN, B., y PEREYRA, M. (comps.), *Historia cultural y educación. Ensayos críticos sobre conocimiento y escolarización*. Barcelona: Pomares Corredor.

PALTI, Elías (1998), "Giro lingüístico e historia cultural", en: Palti, E., *Giro lingüístico e historia cultural*. Buenos Aires: Universidad Nacional de Quilmes.

RICOEUR, Paul (2001), *Del texto a la acción*. Buenos Aires: Fondo de Cultura Económica.

ROCKWELL, Elsie (2009), La experiencia etnográfica. *Historia y cultura en los procesos educativos*. Buenos Aires: Paidós.

SANTOS, Boaventura de Sousa (2008), *Conocer desde el Sur. Para una cultura política emancipatoria*. La Paz: CLACSO.

SARLO, Beatriz (2005), Tiempo pasado. *Cultura de la memoria y giro subjetivo. Una discusión*. Buenos Aires: Siglo veintiuno.

SUÁREZ, Daniel H. (org.) (2007), *Formación Docente e Indagación Pedagógica. Indagación pedagógica del mundo escolar y las prácticas docentes*. Buenos Aires: DGESup¬ ME¬ GCBA.

WOLCOTT, Harry (1993), "Sobre la intención etnográfica", en: Velasco Maillo y otros (eds.), *Lecturas de antropología para educadores. El ámbito de la antropología de la educación y de la etnografía escolar*. Madrid: Ed. Trotta.

Autobiografia cultural: uma ferramenta para professores de redação e consciência intercultural*

John M. Knight

Introdução

O desejo de falar sobre si mesmo, para contar uma história pessoal, existe em todas as culturas. É universal e natural como uma mãe mostrando ao seu filho como usar uma colher, pauzinhos, ou a mão direita para comer. Por extensão, podemos utilizar a autobiografia como uma ferramenta valiosa para o ensino da escrita e consciência cultural a aprendizes de inglês nativos e não nativos. O valor decorre da relativa facilidade em contar-se uma história e, consequentemente, em escrevê-la, mesmo em uma língua estrangeira. Além disso, quando a peça autobiográfica é compartilhada, ela promove uma valorização de um plano de fundo cultural entre escritor, colegas de sala, professor. É, portanto, uma experiência compartilhada e muito pessoal, e contrária a tudo aquilo que geralmente é ensinado como a forma acadêmica positivista de pensar, falar e escrever, onde não há espaço para o "eu mesmo" e o uso de pronomes como "eu", "nós" ou "você" são malvistos. Temos muito a aprender com considerações metafísicas subjetivas, como a cultura e a herança, devido à sua natureza. A redação autobiográfica é uma viagem rumo à descoberta de si mesmo.

Eu uso redação autobiográfica na minha aula de Comunicação Intercultural para os alunos nativos e não nativos, e em seminários

* Tradução de Andréa Cabral.

sobre a cultura americana e nas aulas de redação para estudantes internacionais. A autobiografia cultural é uma narrativa da vida de uma pessoa com ênfase particular nos aspectos sociais que influenciaram a pessoa. Existem muitas definições para a cultura, mas a que eu prefiro refere-se à cultura como um modelo para a vida. Engloba tudo o que se passa em torno de um indivíduo, de modo que a pessoa pode construir sua "casa". Normalmente, muitos de nós não paramos para pensar sobre como nossa cultura tem influenciado como cumprimentamos as pessoas, o que comemos no café da manhã, aonde e como vamos ao banheiro, o que nós consideramos belo, etc. Estas atividades diárias e pensamentos são para nós o que a água é para um peixe; não perdemos a nossa cultura e percebemos como nos impacta no dia a dia, até que estejamos fora dela.

Desenvolvimento da Autobiografia Cultural como ferramenta de ensino

A consciência intercultural tem sido uma parte vital de meu magistério, desde que comecei como um instrutor de Inglês como Segunda Língua (ESL), em 1967, como voluntário do Corpo da Paz na Etiópia. Depois dessa experiência influente, trabalhei com os índios Papago em Tucson, Arizona, com a guarnição da Arábia Saudita, com engenheiros, químicos, fabricantes de vinho, banqueiros e enfermeiras, na *Pacific Gas and Electric Company, Companhia Química Stauffer*, Vinhos *Heublein*, Banco *Mitsubishi*, e *Centro Médico Adventista Glendale,* respectivamente. Os últimos trinta anos foram dedicados ao trabalho com estudantes internacionais e americanos na faculdade *St Mary*, em Moraga, California, E.U.A.

Eu sempre usei histórias em minhas aulas. Durante os primeiros 20 anos em St Mary ensinei Inglês como Segunda Língua e, nos cursos de redação de Inglês como Segunda Língua, comecei a desenvolver a atribuição de tarefas de autobiografia cultural. Normalmente, eu fazia meus alunos escreverem uma narrativa curta sobre eles mesmos ou sobre algo que tivessem visto ou ouvido. Mais tarde, comecei a pedir-lhes para escrever sobre histórias que seus pais, avós ou outros parentes lhes houvessem contado. No início esse era um exercício simples de relatar o que haviam ouvido; a parte desafiante era fazê-lo em Inglês, uma língua estrangeira para os alunos. Em seguida passei a fazê-los analisar as histórias de várias maneiras: por que eles se lembraram dessa história em particular, que emoções e memórias foram evocadas pela história, se pensavam que a história tinha uma mensagem a transmitir e, por último, uma vez que moravam nos Estados Unidos havia algum tempo, eles pensavam que a história tinha um significado especial para eles, na medida em que sua cultura estava envolvida? Este foi o início de meus esforços para desafiar os alunos a mergulharem em uma exploração de si mesmos.

Cerca de vinte anos atrás, meu colega Nushafarin Safinya sugeriu que tentássemos um novo projeto, no qual os alunos montavam uma breve história da sua família completa, com entrevistas, uma árvore genealógica, um álbum de fotografias e um brasão da família (a ideia veio de um prêmio local ganho por um professor do ensino médio). E, uma vez que os nossos alunos ficaram conosco por mais um ano letivo, tivemos tempo suficiente para o projeto completo. Os resultados iniciais foram promissores e, no ano seguinte, pedimos aos alunos que fizessem com que seus pais lhes enviassem uma carta relatando histórias da infância dos alunos, que depois tiveram que traduzi-las para o inglês. Este projeto foi tão bem sucedido que eu adicionei uma carta para o futuro filho do aluno, que passa a ser uma autobiografia cultural com o escritor colorindo as fotos de sua vida para seu filho no futuro. Eu também comecei a pedir para a minha classe de Cultura e Civilização Americana escrever um artigo autobiográfico. Eventualmente, comecei a usar o projeto de história da família, incluindo a carta para o futuro filho, na nossa classe de Consciência Intercultural para falantes de inglês nativos e não nativos, durante o nosso curso de um mês em janeiro.

Motivação e apoio para minhas ideias

As leituras de Ronald Takaki (1993) e Adrienne Rich (1996) foram influentes no desenvolvimento de meus cursos. “Um Espelho Diferente. A História da América Multicultural”, de Takaki (1993), levou-me a adotar a prática de atribuir tarefas orais e escritas de histórias. O principal impulso do livro de Takaki é o detalhamento dos caminhos pelos quais pessoas de diferentes culturas vieram aos Estados Unidos e trabalharam juntas para construir esta nação. É um dos primeiros livros a enfatizar as conexões entre os diferentes grupos étnicos na América, ao invés de lidar com a história e contribuições de apenas um grupo. Em seu capítulo de abertura, Takaki escreve como nossas histórias são relevantes, não importa o quão banais nos possam parecer.

> “Eu não sei por que ninguém quer ouvir a minha história”, disse uma empregada irlandesa se desculpando em 1900. “Nada do que já aconteceu comigo vale a pena contar”. Mas suas histórias são dignas. Por meio de suas histórias, as pessoas que viveram a história dos Estados Unidos podem nos ajudar (...) a entender que os americanos originaram-se de muitas terras, e que todos nós temos direito à dignidade (TAKAKI, 1993, p. 15)

É por meio da troca de nossas histórias que passamos a conhecer uns aos outros como seres humanos mapeando nosso plano para a vida. “Prospective Immigrants, Please Note” (Imigrantes Potenciais, Observe), da poetisa americana Adrienne Rich, faz parte da primeira tarefa atribuída na aula de “Cultura Americana”. Nesta peça curta, mas poderosa, Rich nos desafia a pensar sobre a experiência de passar por uma “porta” e para um novo mundo.

> Ou você vai
> passar por esta porta
> ou você não vai passar.

Se você passar
Haverá sempre o risco
de lembrar o seu nome.

Coisas olham para você duplamente

e você deve olhar para trás
e deixá-las acontecerem.

Se você não passar
é possível
para viver dignamente
manter suas atitudes
defender sua posição
morrer bravamente

Porém, grande parte irá cegá-lo,
grande parte irá iludi-lo,
a que custo, quem sabe?

A porta por si só
não faz promessas.
É apenas uma porta (Rich, 1996, p. 23)

O leitor deve decidir se o processo de introdução a uma nova cultura ou a permanência em sua própria é a escolha "certa". É um enigma difícil, já que ambos permanecer ou deixar têm atributos positivos e negativos. Esses exemplos não apontam realmente para uma teoria de como autobiografias culturais podem ajudar a alcançar um determinado resultado ou objetivo. Takaki (1993) e os trabalhos de Rich (1996) nos mostram a importância da cultura e como é essencial "contar" nossas histórias. É imperativo, porque os alunos, investigando e analisando as tradições e herança da família tornam-se seus próprios professores. Como educador, eu subscrevo a pedagogia de Paulo Freire. Concordo que é importante estimular e orientar a curiosidade e o pensamento crítico dos alunos, ao invés de forçá-los a alimentar-se de conhecimentos enlatados. "A educação libertadora consiste em atos de cognição, não transferência de informação" (FREIRE, 2005). Além disso, "Respeito à autonomia e à dignidade de cada pessoa é um imperativo ético..." (Idem, 1998, p. 59). Meu curso de janeiro é uma tentativa de proporcionar essa liberdade. Para o projeto, eu dou aos meus alunos o esqueleto vazio, eles fazem o edifício. Desenvolver a história cultural da família força o aluno a perguntar: "Quem sou eu? Como eu entro nessa comunidade, o que é importante passar para a próxima geração, o que devo compartilhar com o resto da turma?" A autobiografia torna-se então a "...conexão entre o conhecimento considerado básico para qualquer currículo escolar e o conhecimento que é fruto da experiência vivida desses alunos como indivíduos" (Ibidem, p. 36) Desta forma, meus alunos e eu "... tornamo-nos conjuntamente responsáveis por um processo no qual todos crescem. "(Idem, 2005, p. 80)

A Autobiografia Cultural em minhas aulas de Cultura Americana

Na faculdade de St. Mary, eu motivei esta classe de calouros internacionais a cumprir a disciplina de seminário obrigatório do primeiro semestre, antes de cursar "pensamento grego e romano." Parte da razão pela qual eu quero que alunos analisem e aprendam como as suas culturas os têm influenciado é porque eles estão começando sua experiência na faculdade, em um ambiente "estranho" para eles. Eles provavelmente se deparam com situações de raiva, diversão, confusão e perplexidade. Igualmente preocupante é o fato de que os seus comportamentos, muitas vezes, apresentam desafios para seus companheiros de quarto americanos, colegas e professores. Se eles podem se tornar conscientes de como seu próprio modo de vida ajuda a direcionar a forma como interagem com o mundo, então eles têm uma base de onde se aprofundar e compreender a cultura americana e, em seguida, podem dar mais sentido à sua experiência em St. Mary's. Por esta razão, a minha disciplina "a cultura e a civilização americana" é ensinada a partir do ponto de vista do estrangeiro, o imigrante ou visitante, cuja voz, como a dos meus alunos, nem sempre é ouvida.

Começamos o processo discutindo algumas leituras cuidadosamente escolhidas e organizadas. Além disso, os alunos terminam vários exercícios destinados a ajudá-los a aprender mais sobre a cultura americana e descobrir como foram influenciados por suas próprias culturas. Antes de conhecerem uns aos outros, os alunos consideram a seguinte citação de Edward T. Hall, um antropólogo que escreveu extensivamente sobre a cultura e como ela afeta a vida cotidiana:

> A cultura esconde muito mais do que revela, e estranhamente o que ela esconde, esconde mais efetivamente a partir de seus próprios participantes. Anos de estudo me convenceram de que a finalidade do estudo da cultura não é tanto a compreensão das culturas estrangeiras, mas a luz que o estudo lança sobre nós mesmos (HALL, 1998 p. 59).

Em grupos de dois ou três, os alunos discutem o que eles acham que a citação significa e como pode estar relacionada com o curso intitulado "Cultura e Civilização Americanas". Ao fazer isso, eles chegam à ideia de que, uma vez que nossa própria cultura é como o ar que respiramos, nos tornamos conscientes deste fato somente quando estamos mergulhados em uma atmosfera diferente e desconhecida.

"Prospective Immigrants, Please Note " (RICH, 1996, p.23) apresenta a teoria de que entrar numa nova cultura é uma experiência emocionante, porém desconcertante. Embora não seja obrigatório passar por esta experiência, a fim de continuar a ser uma pessoa de

valor, não passar por ela pode significar perder algumas oportunidades desconhecidas. Um trecho de "*American Chica*: Dois mundos, uma Infância" (ARANA, 2004) retrata a experiência de uma menina sul-americana que vem para os Estados Unidos. Isto oferece aos alunos um exemplo real de alguém entrando em uma nova cultura, passando pelas mesmas experiências descritas no poema de Rich e vividas pelos alunos. Ele também ilustra a ideia que Hall apresenta, uma vez que a *Chica* de Arana aprende sobre sua cultura peruana, enquanto se adapta à americana.

Os alunos, em duplas, entrevistam, em seguida, um ao outro com perguntas especialmente preparadas. Por exemplo, Do que você mais gosta sobre sua cultura? Por quê? Qual é a coisa mais importante que você aprendeu com sua cultura? Quais são as três coisas mais importantes que as pessoas precisam saber sobre o seu país para compreendê-lo? Qual é o pior equívoco que as pessoas cometem sobre sua cultura? (BENNETT, 1992). O objetivo imediato é usar a entrevista para apresentar o parceiro para a classe no próximo encontro. No entanto, eles também usam estas perguntas em uma autoentrevista para coletar informações para suas autobiografias, e são estimulados a recordar histórias de suas experiências para ilustrarem as suas respostas às perguntas. Dessa forma, eles começam a analisar como são guiados pela cultura, ao mesmo tempo em que aprendem mais um pouco sobre o modo de vida de um colega de classe.

O próximo passo envolve a leitura sobre cultura e comunicação, de um modo geral, e o desenvolvimento de uma definição de cultura a ser usada como um guia. Com este objetivo, lemos: "Comunicação e Cultura: A Voz e o Eco" (SAMOVAR; PORTER; STEFANI, 1998). Isso dá aos alunos uma base para examinar como eles aprenderam com suas próprias histórias e fornece uma ferramenta para ajudá-los a desenvolver suas autobiografias. Com a sua definição de cultura, exploramos as formas nas quais podemos estudar as outras culturas – a americana, bem como a nossa. "A Analogia de Iceberg para a Cultura", de Robert L. Kohls (MANIAN, 2006) mostra os comportamentos, palavras, costumes, vestuário, tradições das culturas sobre a pequena parte visível do iceberg; as partes escondidas sob o mar, na maior parte do iceberg, incluem crenças, valores, suposições e processos de pensamento. Estes componentes ocultos apóiam e ajudam a explicar os aspectos visíveis. "O Modo Americano: um guia para estrangeiros nos Estados Unidos" (ALTHEN, 2003) oferece um exemplo concreto da parte submersa do iceberg. Em um capítulo, a importância que os americanos atribuem ao valor do individualismo é ilustrada com uma história que envolve a mãe, ajudando seu filho de três anos a decidir sobre como gastar seu dinheiro. Embora muitas pessoas de outras culturas possam considerar a troca entre a mãe e o filho surpreendente, até mesmo desconcertante, a maioria dos norte-americanos reconhece que a mãe está simplesmente ajudando o seu filho a aprender a tomar suas próprias decisões. Ao reagir a essa história, os alunos se tornam mais conscientes daquilo que T. Edward Hall quer dizer quando afirma que, por conhecer outras culturas, aprendemos sobre a nossa própria. (HALL, 1998, p. 59)

Outro exercício para os alunos é a conclusão de um *continuum* de valor desenvolvido por L. Robert Kohls (não publicado). De um lado do *continuum* estão treze valores estadunidenses, enquanto treze valores contrastantes estão de outro lado; por exemplo, individualismo contra orientação em grupo; mudança vista como natural e positiva contra tradição; informalidade ao invés de formalidade. Enquanto os alunos identificam onde eles, seus pais e avós poderiam se encaixar no *continuum*, eles são convidados a pensar em exemplos, histórias ou comportamentos relacionados a suas vidas que ilustrem tais valores.

Adicionalmente, os alunos trabalham durante duas semanas de exercícios de *brainstorming* e lêem trechos de "Ciao America!: um italiano descobre os E.U.A.", de Beppe Severgnini (1955). Estas leituras proporcionam uma ilustração contemporânea da citação de Hall (ver acima) aos alunos, e também o motivo para que escrevam suas próprias autobiografias culturais em uma aula de "Cultura

Americana". Severgnini, um jornalista italiano, conta suas aventuras ao passar um ano em Washington D.C. com sua família. Assim como o Titanic de Severgnini vai continuamente de encontro com os aspectos escondidos do "iceberg" americano, os leitores aprendem tanto da cultura italiana quanto da americana. Isto ajuda a mostrar aos alunos como eles podem, frequentemente, descobrir mais sobre seus próprios atributos culturais ao analisar suas experiências diárias nos Estados Unidos.

O primeiro capítulo de "Um espelho diferente: uma história de uma América multicultural" mostra não apenas as interligações das minorias da América, como também a importância de histórias. Somos lembrados que todos aqueles envolvidos na história americana são atores que

> *No contar e recontar*
> *de suas histórias,*
> *criam comunidades*
> *de memória* (TAKAKI, 1993, p. 14)

Tal citação reforça a ideia de que recontar a história de alguém é parte do ato de transmitir cultura para as gerações futuras.

Enquanto os alunos trabalham em seus primeiros rascunhos da autobiografia cultural, eles continuam sua exploração da cultura americana lendo outra autobiografia, "A narrativa da vida de Frederick Douglass, um escravo americano" (DOUGLASS, 1989), participando de um projeto comunitário por doze horas, enquanto mantêm um registro semanal de sua experiência e análise de valores americanos.

Uma vez que os primeiros rascunhos estão completos há duas sessões de edição por colegas, com quatro editores gerais para cada trabalho. Os alunos editores procuram conteúdo, escrita eficaz e detalhe descritivo, promovendo a aprendizagem através de exemplo. As visões íntimas de outras culturas frequentemente levantam questionamentos e vontade de obter mais informações ou histórias, estimulando a conversa entre os alunos. Após terem o *feedback* de seus colegas, eu leio os primeiros rascunhos e encontro com os alunos individualmente para rever como este rascunho pode ser melhorado. Os trabalhos finais apresentados para a classe resultam em um senso de comunidade entre os alunos de formações amplamente diversas.

Usando autobiografias em "Comunicação Intercultural"

Na St Mary's College, o mês de janeiro é dedicado a um único curso intensivo, equivalente ao trabalho de um semestre. As classes duram de 2,5 a 3 horas, quatro dias por semana, durante quatro semanas, e os alunos podem fazer apenas um curso a cada janeiro. Através dos últimos vinte anos, eu venho ensinando um curso de "Comunicação Intercultural" para alunos nativos e não nativos durante este mês. Meu colega e eu desenvolvemos este curso para oferecer aos alunos uma experiência diferente envolvendo sua herança familiar e algo tangível que eles possam levar com eles. Partindo do projeto de história da família que começou com nossos alunos de inglês como segunda língua, nós expandimos os objetivos aos nossos alunos dos cursos de janeiro para aumentar sua conscientização e apreciação pela diversidade étnica que forma os Estados Unidos. Nós esperamos que eles sejam capazes de analisar como os valores culturais influenciam a sociedade, de se tornarem mais conscientes de como suas famílias se encaixam na tapeçaria da cultura, e melhorarem sua capacidade de ver coisas sob mais do que uma perspectiva. Os alunos devem escrever uma história de suas famílias baseada em entrevistas com pelo menos três gerações. Para fazer isto, eles desenvolvem perguntas, tentam descobrir valores centrais da família e como eles foram passados para o aluno, escrevem uma carta para seu filho ainda não nascido, e apresentam suas descobertas oralmente para a classe. Espera-se que os projetos sejam criativos e, alguns dos elementos obrigatórios incluídos são uma árvore genealógica, seus valores descritos visualmente em um brasão da família de desenho próprio, e uma exposição de fotos que se estende por três gerações, tudo em algum tipo de recipiente. A escolha do recipiente pode ser tão simples quanto uma pasta ou tão incomum quanto uma cesta, mas está ligada ao tema da vida familiar do aluno, e deve representar a cultura ou um valor familiar importante. A carta autobiográfica para o futuro filho serve como uma oportunidade que o aluno tem de contar ao seu filho (e à turma e a mim durante a apresentação) quem ele é como um ser humano, o que é importante para ele e sua família, e que valores ele espera instigar nesta criança. A preparação para esta redação autobiográfica usa a autoentrevista que desenvolvemos nas aulas de redação de inglês como segunda língua, mas em mais profundidade, para que reflita a herança e valores do aluno.

Para ajudar os alunos a se prepararem para o projeto, lemos as seguintes peças preparatórias baseadas em situações interculturais familiares. "Sonhando em Cuba" (GARCIA, 1992) retrata uma interessante família disfuncional e como a história da família é passada adiante. O romance "Neve sobre os cedros" (GUTERSON, 1994) é sobre as relações de azar entre um rapaz caucasiano e uma garota nipoamericana, cujo romance crescente é destruído por Pearl Harbor e a Segunda Guerra Mundial. Quanto eles retornam à ilha, ele do quartel, e ela de um campo de sepultamento, um julgamento por homicídio aumenta o conflito entre e no interior das culturas. O romance mostra quão profundamente enraizados são os atributos culturais. "A dança da vida" (HALL, 1989) explica como o tempo é o princípio organizador da cultura. "A viagem da terra do não" (HAKAKIAN, 2005) é cheio de histórias sobre a revolta de uma família de judeus iranianos durante a revolução e sua viagem de volta à América. A mensagem de "Redescobrindo os valores da América" (LAPPÉ, 1989) é a de que, a fim de recuperar seus valores, a América deve redescobrir seu senso de comunidade e trabalhar em direção a um bem comum, o que dignifica todos os povos.

Autobiografias culturais como uma ferramenta para aulas de redação

Embora eu tenha começado a desenvolver a autobiografia cultural como uma ferramenta de escrita em aulas de inglês como segunda língua, agora leciono cursos de redação mais avançados que valem créditos para alunos internacionais. Nestas aulas, uso redação autobiográfica como um modelo para praticar alguns dos modos retóricos: narração, descrição, ilustração e exemplo. Devido ao conforto em contar histórias, começamos com narração e descrição. Lemos e analisamos os ensaios de Amy Tan, "Língua-mãe" (MULLER & WIENER, 2000) e de Elizabeth Wong, "A luta para ser uma garota totalmente americana" (Ibidem) para os exemplos vívidos de, no primeiro, como a língua afeta as famílias e, no segundo, crescer em outra cultura. Depois que os alunos praticam escrever histórias e descrições, nós examinamos como os autores usam ilustração e exemplo. O ensaio, "O que aprendi com os homens", de Barbara Ehrenreich (Ibidem) é um exemplo claro de ilustração, uma pintura em palavras. Como a aula trabalha através de outros modos retóricos (definição, comparação/contraste, causa/efeito), os alunos começam a organizar material para seu ensaio final, a autobiografia cultural. Ao editar em grupos de colegas, eles lêem os trabalhos uns dos outros e oferecem *feedback* escrito e verbal, tanto na escrita quanto no conteúdo. Minha tarefa é principalmente a de guiar e "criar as possibilidades para a produção ou construção do conhecimento" (FREIRE, 1998, p.30) com e entre os alunos. O objetivo aparente e oficial destas aulas de redação é fazer com que os alunos componham, produzam, registrem, descubram e rascunhem até que a autobiografia final torne-se viva para o leitor. Além disso, como a forma de trabalho dos grupos de edição de colegas nunca é estática, o resultado final é um compartilhamento de histórias e suas mensagens subjacentes. A colaboração entre alunos e professor resulta em todos aprendendo e ensinando, outro dos valores de Freire.

O efeito que as autobiografias culturais têm nos alunos

O elemento mais comum nas autobiografias culturais dos alunos parece ser o da importância da família. A maioria conta sobre a influência que mães e pais, e em alguns casos, avós, têm em suas vidas. Quer seja o pai ou a mãe que tenha o papel central na vida do aluno parece ser mais uma questão individual do que cultural. Meus alunos estão frequentemente espantados com o árduo caminho viajado por pais e avós e gratos pela sabedoria a eles passada. Eles tomam conhecimento de membros familiares com ideias, esperanças e ambições, muitas vezes diferentes das deles próprios. Escrever estes trabalhos autobiográficos parece ser um empurrão ao encontro da conscientização, reflexão e maturidade.

Abaixo estão alguns dos comentários de alunos sobre o curso, sobre escrever suas autobiografias e o que eles aprenderam:

> "Escrever sobre uma questão pessoal tornou minha experiência de escrita mais forte... Esta atividade se tornou a atividade mais importante do curso para mim."

> "As bombas no Japão eram algo muito distante para mim. No entanto, quando eu li o trabalho de Midori, esta se tornou tão próxima e tão forte, como se tivesse acontecido ontem e eu tivesse passado por ela."

"Me lembro de ter passado um longo tempo pensando sobre mim. Eu também lembro que esta tarefa me ajudou a entender alguns aspectos da minha vida."

"Eu aprendi especialmente sobre as barreiras educacionais e tradicionais que minha mãe enfrentou em sua juventude."

"A ideia de um bem comum universal é um mito."

"Escrever minha autobiografia cultural me ajudou a perceber quais eram as questões mais graves no meu coração."

"Eu quero que isto seja algo que eu possa mostrar aos meus filhos algum dia."

"Isto irá levar a uma mistura única de projetos culturais. Algo que eu acho maravilhoso e que expressa como todos nós somos diferentes."

"Foi sentimental, há tanto que eu quero dizer, mas tenho medo, porque não quero lembrar algumas das memórias ruins que influenciaram meu comportamento a ser conservador e quieto."

"Quando eu comecei a trabalhar na minha carta, fiquei surpreso de como foi sentimental para mim."

"Eu concordo com Hall que 'nossa tarefa mais estratégica é aprender tanto quanto possível sobre nós mesmos' (HALL, 1989, p. 204). Eu concordo porque eu, pessoalmente, sei que se eu não tivesse conduzido minhas três entrevistas familiares, eu ainda estaria alheio ao fato de que a base da vida que eu estou vivendo agora foi construída e ainda está sendo construída pelos membros da minha família."

O efeito em mim, o professor

Embora possa parecer banal, as autobiografias me lembram do quão especial estes jovens são. Eu tenho o privilégio de olhar suas vidas e aprender sobre o que os faz únicos. Na primavera de 2009, um de meus alunos, uma jovem japonesa estudando em St. Mary's como aluna intercambista por um ano, escreveu um tipo diferente de autobiografia. Ela tomou um incidente de sua vida e mostrou como ele havia impactado sua forma de pensar. Quando ela tinha doze anos, sua escola levou a classe para um estudo do meio, em Hiroshima. Antes do passeio, os alunos haviam pesquisado sobre as vidas de algumas das vítimas do bombardeio. Minha aluna se deu conta de que tinha a mesma idade de uma das garotas que tinha sido afetada pela radiação e morrido. Este passeio da escola e a pesquisa que ela fez teve um impacto tão forte que mudou a maneira toda como ela pensava sobre paz e guerra. Ela se preocupa em como o Japão confia nos E.U.A. e que o governo do Japão esteja repensando sua política de neutralidade, em vista dos recentes lançamentos de mísseis pela Coreia do Norte. A paixão em sua escrita foi inspiradora.

Os meus relacionamentos com os alunos também mudam. Eles se tornam seres humanos tridimensionais, que são mais agradáveis. E embora eu não tenha estes alunos em particular em outra classe, suas autobiografias ajudam a me lembrar dos tesouros que se encontram sob a superfície de nossas peles. Então o lembrete de Takaki (1993), de que todas as nossas histórias são valiosas, se torna mais imediato. Deste modo, meus alunos tornam-se membros da enorme família que resulta dos meus mais de quarenta anos na sala de aula.

Definitivamente, acho que a escrita autobiográfica como prática educacional nos ajuda a entender o relacionamento entre professor e alunos. Aqueles, cujas autobiografias culturais eu ajudei a escrever, se tornam mais do que apenas um nome, a pessoa que sempre se senta perto da porta, ou o aluno que eu posso contar que tenha lido tudo para que ele possa participar da discussão. Embora eu sempre tente aprender o máximo possível sobre esses jovens, a autobiografia me serve como uma janela para suas vidas, que a maioria dos professores provavelmente não têm. Por também ser o conselheiro acadêmico de muitos destes alunos, eu tenho mais informações para envolvê-los quando eles vêm ao meu escritório, tanto para pedir ajuda pessoal como acadêmica. Suas histórias me permitem olhar para seus mundos que, por eu ser mais do que quarenta anos mais velho do que a maioria deles, são geralmente bem diferentes dos meus. No entanto, sou capaz de ver as semelhanças com a minha própria juventude. Além do mais, estas autobiografias me permitem viajar a lugares nos quais eu nunca estive, e eu posso pedir aos meus "guias" mais explicações durante o caminho. E, então, minha vida se enriquece. Edward T. Hall foi um dos meus primeiros guias quando eu entrei no Corpo da Paz, nos anos 60. Em nosso treinamento, antes de irmos para a Etiópia, nós lemos "A língua silenciosa" (HALL, 1959). Eu achei tão fascinante que li a maioria de seus outros livros e os usei em algumas de minhas aulas. Em seu "A dança da vida" (Idem, 1989), ele escreve que um professor nunca pode ser verdadeiramente eficaz até que ele ame seus alunos. As autobiografias que meus alunos escrevem me ajudam a amá-los mais.

Talvez o aspecto mais importante de ensinar seja o fato de que eu continuo aprendendo com cada grupo. Lembro-me do dia, na Etiópia, em que descobri que o padre que ensinava religião estava ensinando aos meus alunos de oitava série que o mundo era quadrado. Na aula de geografia, eu estava tentando prepará-los para um exame para que eles fossem para o ensino médio. Claro que, no exame, o mundo era redondo. Aos vinte e um anos, eu nunca havia duvidado de que a Terra fosse redonda, e eu nunca tive que "provar" para um grupo de alunos. Apesar de minha mãe ter me mandado imagens das fotos que os astronautas haviam tirado da Terra, elas não ajudaram muito. Meus alunos simplesmente perguntaram como eu sabia que as fotos eram reais. No final, todos nós concordamos que, na parte religiosa do exame, o mundo seria quadrado, mas que na parte de geografia, ele seria redondo. Até hoje minhas interações com os alunos me lembram do valor de ser humilde.

Conclusão

Ao longo de quarenta e três anos ensinando, as aulas que mais valeram a pena e as mais gratificantes são aquelas em que eu não fui obrigado a seguir um programa imposto. Quando eu consigo desenvolver um diálogo com meus alunos, todos nós somos enriquecidos e desafiados. Usar a autobiografia cultural como meio de discussão resulta em interações autênticas entre nós. Isto inclui desde o mundano, tais como a pontuação e estilo de escrita, quanto as ideias mais profundas, que encorajam aluno e professor a seguir em suas jornadas de autoconhecimento. Meus objetivos como professor têm sido os de guiar e estimular cada aluno à descoberta e autoconhecimento, que resultariam em uma colaboração ativa entre nós. Ao ajudá-los a escrever suas autobiografias culturais, eu penso que fui bem-sucedido nestes esforços.

Referências bibliográficas

ALTHEN, Gary. *American Ways: A Guide for Foreigners in the United States.* Yarmouth, Maine: Intercultural Press, Inc, 2003.

ARANA, Marie. American Chica. In: Eidse, Faith; Sichel, Nina (Ed.). *Unrooted Childhoods: Memoirs of Growing up Global.* Yarmouth, Maine: Intercultural Press, Inc, 2004.

BENNETT, Janet; BENNETT, Milton. *Facilitation the Intercultural Communication Workshop.* Portland, Oregon: Institute for Intercultural Communication, 1992.

DOUGLASS, Frederick. *Narrative of the Life of Frederick Douglass, an American Slave.* New York: Doubleday, 1989.

FREIRE, Paulo. *Pedagogy of Freedom; Ethics, Democracy, and Civic Courage.* Lanham, Maryland, Rowman & Littlefield, 1998.

_____. *Pedagogy of the Oppressed*. New York: The Continuum International Publishing Group Inc., 2005.

GARCIA, Cristina. *Dreaming in Cuban*. New York: Random House, 1992.

GUTERSON, David. *Snow Falling on Cedars*. New York: Random House, Inc, 1994.

HAKAKIAN, Roya. *Journey from the Land of No*. New York: Three Rivers Press, 2005.

HALL, Edward T. *Dance of Life: The Other Dimension of Time*. Garden City, New York: Anchor Press, 1989.

_____. *Silent Language*. Garden City, New York: Doubleday, 1959.

_____. The Power of Hidden Differences. In: BENNETT, Milton J. (Ed.). *Basic Concepts of Intercultural Communication*. Yarmouth, Maine: Intercultural Press, Inc, 1998.

LAPPÉ, Frances Moore. *Rediscovering America's Values*. New York: Ballantine Books, 1989.

MANIAN, Ranjini. The Iceberg Model of Culture. In: *Business Line*. http://www.thehindubusinessline.com/manager/2006/12/04/stories/2006120400091100.htm. 2006.

MULLER, Gilbert H.; WIENER, Harvey S. *The Short Prose Reader*. Boston: McGraw-Hill Companies, Inc., 2000.

RICH, Adrienne. "Prospective Immigrants, Please Note". In McCLOSKEY, Mary Lou; STACK, Lydia. *Voices in Literature*. Boston, Massachusetts: Heinle & Heinle Publishers, 1996.

SAMOVAR, Larry A.; PORTER, Richard E.; STEFANI, Lisa A. *Communication Between Cultures*. Belmont, CA: Wadsworth Publishing Company, 1998.

SEVERGNINI, Beppe. *Ciao America! An Italian Discovers the U.S.* New York: Broadway Books, 1995.

TAKAKI, Ronald. *A Different Mirror: A History of Multicultural America*. Canada: Little, Brown & Company, 1993.

Autores

Ana Chrystina Venancio Mignot: Professora do Programa de Pós-Graduação em Educação da Universidade do Estado do Rio de Janeiro. Pesquisadora do CNPq. Cientista de Nosso Estado (FAPERJ). Procientista (UERJ/FAPERJ). Publicou Baú de memórias, bastidores de histórias: o legado pioneiro de Armanda Alvaro Alberto (2002). Organizou algumas coletâneas, dentre as quais, Cadernos à vista: escola, memória e cultura escrita (2008).

Ana Maria Lisboa de Mello: Professora da Universidade Federal do Rio Grande do Sul, onde ainda atua como orientadora de mestrado e doutorado. É membro associada do Centro de Literaturas de Expressão Portuguesa da Universidade de Lisboa. Atualmente é professora adjunta da Pontifícia Universidade Católica do Rio Grande do Sul. Tem experiência na área de Letras, subáreas de Literatura Brasileira e Teoria da Literatura, com ênfase em poesia, narrativa, teorias e críticas do imaginário.

Daniel Suárez: Professor da Faculdade de Filosofia e Letras da Universidade de Buenos Aires, onde defendeu sua tese de doutorado. Suas investigações e publicações dos últimos dez anos estão relacionadas com a narrativa pedagógica, os relatos autobiográficos e a formação docente. Entre suas publicações pode-se citar a direção de uma coleção iberoamericana acerca das *Narrativas, autobiografías y educación* (Buenos Aires: EFFL; CLACSO).

Elizeu Clementino de Souza: Pesquisador do CNPq. Doutor em Educação. Professor Titular, Coordenador do Programa de Pós-Graduação em Educação e Contemporaneidade da Universidade do Estado da Bahia (PPGEduC/UNEB). Coordenador do GRAFHO/PPGEduC/UNEB/CNPq. Presidente da Associação Brasileira de Pesquisa (Auto)Biográfica. Membro do Conselho de Administração da Associação Internacional das Histórias de Vida em Formação (ASSIHVIF) Pesquisador Associado do EXPERICE – Paris 8 / Paris 13/Nord. Secretário Adjunto da ANPEd (Biênio 2010/11).

John M Knight: Professor de língua inglesa, área na qual desenvolve pesquisas e profere conferências. Suas publicações incluem "Usando o silêncio para explicar algo" no *Jornal de Imaginação em Aprendizado e Ensino de Línguas* (*The Journal of the imagination in language learning and teaching*), New Jersey City University, 2002-2003. Junto com L. Robert Kohls é coautor de *Desenvolvendo a consciência intercultural*, Intercultural Press, 1994. John Knight é professor no St. Mary's College da Califórnia desde 1980.

José Augusto Avancini: Graduado em Filosofia e História pela Universidade Federal do Rio Grande do Sul, mestre e doutor em Filosofia pela Universidade de São Paulo. Pesquisador 1C do CNPq e membro do CBHA e da Abca. Professor Associado do Departamento de História da Universidade Federal do Rio Grande do Sul.

Maria da Conceição Passeggi: Professora do Departamento de Educação e do Programa de Pós-graduação em Educação (PPGEd) da Universidade Federal do Rio Grande do Norte. Vice-presidente da Associação Brasileira de Pesquisa (Auto)Biográfica, Presidente da Associação Norte-Nordeste de Histórias de Vida em Formação, membro do Conselho de Administração da Association Internationale des Histoires de Vie et de la recherche biographique en Education (ASIHIVIF). Partilha com Christine Delory-Momberger (Paris 13) e Elizeu Clementino de Souza (UNEB) a coordenação das coleções franco-brasileiras *(Auto)Biographie et Education* (Paris:Téraèdre); *Pesquisa (auto)biográfica e Educação* (PAULUS-EDUFRN) e da coleção iberoamericana *Narrativas, autobiografías y educación* (Buenos Aires: EFFL; CLACSO), dirigida por Daniel Suárez (UBA).

Maria Helena Menna Barreto Abrahão: Professora Titular na Pontifícia Universidade Católica do Rio Grande do Sul. Coordena o Grupo de Pesquisa: "Profissionalização Docente e Identidade: narrativas na primeira pessoa" - GRUPRODOCI. É Sócia Honorária da BIOGRAPH, da qual integra o Conselho de Publicação. Tem trabalhos apresentados e produção bibliográfica no país e no exterior. Em 2004, idealizou o I CIPA, do qual coordenou a realização de 08 a 11 de setembro, na Pontifícia Universidade Católica do Rio Grande do Sul, iniciando importante movimento no que respeita à formação de redes de pesquisadores em pesquisa autobiográfica.

Zeila de Brito Fabri Demartini: Professora doutora da Universidade Metodista de São Paulo e diretora de pesquisa do Centro de Estudos Rurais e Urbanos. Tem experiência na área de Sociologia, com ênfase em Pesquisa em Sociologia, atuando principalmente nos seguintes temas: histórias de vida, imigração japonesa, portuguesa e africana, educação escolar e não-escolar, infância, Estado de São Paulo.

SOBRE O LIVRO
Formato: 14 x 21 cm
Mancha: 23, 7 x 43,1paicas
Tipologia: Minion Pro 10,5/14,5
Papel: Offset 75 g/m² (miolo)
Cartão Supremo 250 g/m² (capa)
2010

EQUIPE DE REALIZAÇÃO
Capa: DB Comunicação
Revisão: Cynthia Pereira de Sousa
Editoração: Nobuca Rachi

Impressão e Acabamento

Prol Editora Gráfica